6/98

11/01

NEWTON FREE

W9-BFS-324

3 1.   ⊘ ML

PRISON

ÉDITIONS VERDIER
11220 LAGRASSE

DU MÊME AUTEUR

CHEZ LE MÊME ÉDITEUR

L'Enterrement, récit, 1992
Temps machine, récit, 1993.
C'était toute une vie, récit, 1995.

AUX ÉDITIONS DE MINUIT
Sortie d'usine, roman, 1982.
Limite, roman, 1985.
Le Crime de Buzon, roman, 1986.
Décor ciment, roman, 1988.
La Folie Rabelais, essai, 1990.
Calvaire des chiens, roman, 1990.
Un fait divers, roman, 1994.
Parking, 1996.
Impatience, 1998.

AUX ÉDITIONS GALLIMARD JEUNESSE
collection « Page blanche »
Dans la ville invisible, roman, 1995.

AUX ÉDITIONS SEUIL JEUNESSE
30, rue de la Poste,
roman, 1996.

François Bon

Prison

récit

Verdier

FREX/
Fic

Avertissement

Les faits, lieux et personnes évoqués dans ce livre résultent d'un travail littéraire
et ne sauraient donc témoigner ou juger d'événements réels
présentant avec le texte des similitudes de personnes ou de lieux.
Les textes cités sont anonymes.

Remerciements
à la DRAC Aquitaine, la Coopération des bibliothèques en Aquitaine,
le service socio-éducatif du Centre de jeunes détenus de Gradignan
et à Kasper T. Toeplitz.

ISBN : 2-86432-282-X

I
POUR UN MOTIF FUTILE

Car nous ne savons rien de clair, nous errons.

Le mot *planté.* Le gardien-chef, alors que je sortais, ayant franchi la première porte-sas du bloc et repris ma carte d'identité, juste là devant le portique d'entrée à sonnerie, avant la porte verte à barreaux rectangulaires près du portail pour le passage des fourgons cellulaires : « Et vous avez su que Brulin a été planté? »

Le mot *squat.* Non, je ne savais pas, et il a complété par ce qu'il savait : « C'était dans le journal ce matin. Dans un squat, un nommé Tignasse, que nous connaissons aussi. » Brulin, Jean-Claude Brulin je ne savais même pas qu'il avait été libéré et ce serait donc là toute son épitaphe (et pourquoi il me disait ça le gardien-chef, ce n'était pas son habitude de parler du travail autrement que ce qui me concernait seulement : parce que lui aussi donc tout d'un coup ça le dépassait, camouflet mis à leurs propres efforts d'accompagnement comme à me dire : « Tu viens là chaque mardi mais les clés nous-mêmes on n'en dispose pas, toi et tes petites feuilles qu'est-ce que ça compte par rapport à ce qui ainsi nous déborde » et c'est justement dans cette fragilité et la rage aussi qu'on passe cinq mois ensuite à les racler, les mots sous l'épitaphe, quand bien même on n'a pas les clés et qu'on n'aura rien su d'autre, qu'on se croyait guéri d'écrire comme ça sur ce qu'on prend dans la figure comme une claque).

Le gardien-chef a ajouté, et c'était des mots pesés : « Trois jours après nous avoir quittés. Il ne méritait pas ça, Brulin. »

Le journal *Sud-Ouest*. J'ai marché, il y a le mur gris, où à midi des familles tendent des enfants au haut de leurs bras pour que les mères de très loin les aperçoivent (le bâtiment des femmes est un bâtiment blanc rectangulaire plus petit au pied de l'autre, dominé aussi par le mirador d'angle, entre le mur et la rue où sont des rouleaux de fer barbelé et de gros moutons grisâtres mangeant éternellement l'herbe qui repousse), et ceux des étages renvoient aussi à la rue des cris et appels qu'on déchiffre mal ou même vous sifflent, s'éloignant de la prison on longe un centre commercial abandonné aux rideaux de fer tirés (un ancien Conforama racheté par Intermarché, c'est indiqué sur le permis de construire sur un grand panneau de bois), puis le carrefour avec le bus G desservant Gradignan depuis Bordeaux-Centre, les quatre voies de la rocade sud sous un pont et enfin la ville. C'est à la gare que j'ai acheté le journal et trouvé tout de suite l'article, page 5 en haut à gauche, deux colonnes approximatives (les âges étaient faux et on croyait en dire assez sur chacun en les disant *compagnons d'infortune*), titre : « Pour un motif futile. »

Je suis allé rue des Douves. C'était trois semaines après, le matin en arrivant. De la gare, c'est le 7 ou le 8, vers la Victoire. Un matin d'hiver, beau et sec, le pas résonnant sur les trottoirs.

Descendu marché des Capucins, la halle de béton avec des sas plus sombres qui sont par quoi on entre au-dedans (je ne suis pas entré), et des quais de chargement avec des camions isothermes garés à cul. J'ai fait le tour.

La rue des Douves, qu'à cause du mot *squat* je m'imaginais étroite et sombre, commence par des entrepôts aux larges portails, aux indications *gros et demi-gros* calligraphiées par des peintres en lettres. Dans ce début de rue on porte encore avec soi l'odeur des halles, au coin il y a encore un de ces bistrots plein d'hommes en tablier et de brouhaha qui déborde quand la porte s'ouvre. Puis c'est une rue pavée sans bitume, il y a le bruit d'arrachement des pneus sur le sol inégal et tout au bout la lumière dans les arbres dépouillés de l'hiver, une grande place carrée face à l'école de médecine militaire ou navale. Une rue large et droite en fait, avec des deux côtés des maisons d'un étage seulement, mais profondes, avec un couloir au travers qui donne derrière sur des cours.

Au 28 la serrure est arrachée, laissée par terre sur la tomette rouge du couloir on ne l'a même pas ramassée, il suffit de pousser ça du pied. La porte s'est refermée toute seule, et le bruit du diesel dans la rue on l'oublie d'un coup. Dans une pièce au fond, sans porte, il y avait des matelas empilés et des sacs plastiques, des gravats et des cartons, ça se voit que des gens vivent là même si à cette heure du matin il n'y avait personne (par précaution ou politesse j'avais signalé sonorement ma présence). Dehors au premier une fleur rouge en plastique est restée à pendre du balcon rouillé et sur les volets cloués on a écrit (comme sur les maisons d'à côté) : *600 000 sans-abri ici c'est libre*, puisque rue des Douves au 12 et au 14 c'était libre comme au 26 et au 29 et encore au 44, la dernière murée avec des parpaings pour se protéger mieux, entre la viande Bobif et le poissonnier en gros Labournet Robert (*salaisons maritimes* écrit au-dessus d'un poisson en plâtre) ou bien Maxi Cass, en face du 28 le garage Peugeot avait perdu ses deux premières lettres, sa dépanneuse bleue sur châssis coupé garée à cheval sur le trottoir tandis que du fond du garage sombre on apercevait l'éclat bleu d'un soudeur à l'arc. Et, quand quelqu'un passe, le pas sonne longtemps dans la rue droite, ailleurs la ville est blanche sous le ciel bleu et j'avais froid, le jour a oublié les fureurs de la nuit et les maisons fermées ne disent rien de leur histoire au-dedans.

Le mot *autopsie*. Ayant coupé du marché des Capucins vers la place de la Victoire (pour rejoindre l'ancien couvent réaménagé pour les services de l'État commanditant ma venue hebdomadaire à la prison, au bout du couloir au deuxième étage les deux bureaux minuscules et encombrés des actions liées au livre et à la lecture), je découvrais soudain cette cour noire sous des murs de brique rouge, sombre et tout en longueur avec au fond un portail vert en tôle. Cette image je l'avais gardée en tête (presque vingt-cinq ans plus tôt, alors élève à l'école d'ingénieur en mécanique), l'image précise de cette cour revenait brutalement à cause d'empilements de cercueils blancs, là debout, dans cette cour où ils venaient d'être livrés. L'étrange, c'est la certitude où j'étais soudain d'avoir déjà vu cet endroit-là, tandis que toute ma volonté appliquée n'aurait pas suffi à retrouver si cela venait de Marseille, Poitiers ou Nantes, ou bien, si c'était Bordeaux, dans quel quartier aller la prendre. Et je redécouvrais cela ce matin, la cour en noir et rouge mais sans les cercueils, sur son ciment vieux, au cul de la faculté de médecine ouvrant sur la Victoire, le panneau *établissement public stationnement interdit accès pompiers* et le gardien ouvrait la porte, un rouquin aux cheveux mis en tresse. En face, où je prenais note sur mon carnet, tandis que l'homme me regardait, rue de Gentrac, c'était marqué Sommeil Center et trois maisons aux vitres sombres plus loin un restaurant qui s'appelle *Au casse museau*. L'autopsie c'était ici, pour venir à l'Institut de médecine légale Brulin il n'avait pas eu trois cents mètres à faire.

Brulin, Jean-Claude Brulin tel que je l'avais vu, dans la petite salle où tous les mardis je travaille, avec les tables jaunes du mobilier scolaire, les chaises à tubes verts de chez Heuliez à Cerisay fournisseur des écoles, le premier à être entré du second groupe, un grand maigre qui bougeait tout le temps et vous parlait de trop près.

Brulin, là où on ne vous donne rien que du papier hygiénique et du savon et le reste il faut l'acheter (ils disent : « C'est plus dur d'être pauvre en prison que pauvre dehors »), sans chaussettes et un pantalon qui brillait aux genoux, pas net à l'ourlet du bas, puis un pull de laine déformé alors que dans ces lieux confinés même en décembre il ne fait pas froid, au contraire une uniforme température de grotte et l'odeur fade des cuisines collectives plus la Javel du nettoiement des sols.

Par la fenêtre, puisqu'on est à l'angle rentrant de deux blocs, les alignements vis-à-vis de cellules en premier étage et rez-de-chaussée s'élargissant jusqu'au grand grillage de la cour de promenade où ils jouent au foot, les gars collés aux barreaux noirs, accroupis par terre devant leur chiotte pour se crier d'un mur à l'autre ou d'un étage à celui du dessous, parmi les serviettes à pendre et les chaussettes qui sèchent, les fenêtres ouvertes donc et des mains et des jambes qui dépassent des barreaux noirs, se retournant Brulin entré avec son pull de laine informe et ses cheveux trop longs sur son visage tout en os et surtout ses lunettes : la monture cassée d'un côté *depuis ma garde à vue* il avait dit et donc tout ça en équilibre précaire, lui une main aux lunettes pour vous parler, myope et parlant de trop près, puis bougeant, reparti vers la fenêtre, sa haute silhouette le dos un peu cassé et revenant, il s'agissait que je veuille bien lui ramener un paquet de tabac à rouler, moi non, pas le droit, et l'instituteur avec son accent des montagnes grognant gentiment que la veille il lui en avait déjà donné au moins pour quatre fois, lui offrant pourtant une nouvelle fois de sa blague, Brulin racontant un bobard pour en ramasser dans ses doigts un peu plus que demandé, rituel ordinaire de nos séances avant de s'asseoir pour de vrai et qu'on commence.

Derrière, dans le ciel presque, passant parfois ces chaussures usées de tennis qu'ils attachent à un lien de huit mètres pris à un drap déchiré pour passer d'un mur à l'autre on ne sait quelles marchandises, pour viser ils avaient le temps d'apprendre à devenir très forts.

Le surnom Tignass, que lui écrivait sans *e*, sa main moite et ses cheveux hérissés, en jaune décoloré (avec, au bout de quelques semaines, la repousse plus brune sous la décoloration). Le surnom qui remplace tout le reste, la généalogie et même une partie du visage, son surnom que maintenant chaque mardi il inscrivait en capitales au bas de son texte, quand je n'étais censé savoir que son nom d'état civil, comme pour venir affirmer de lui-même qu'il était bien celui dont avait parlé l'article de *Sud-Ouest*, mais je n'étais pas censé connaître l'histoire, et si lui avait cherché une fois dans le gros classeur bleu à transparents les textes de Brulin, je n'en ai pas été témoin. Et dans les premières semaines où les cheveux hérissés du second avaient remplacé les cheveux trop longs sur les lunettes de myope du premier, un rire jaune et rien qui soit langage remontant au désarroi de l'être, ce pour quoi nous-mêmes en appelons au langage, l'instituteur, à la pause, en se faisant sa cigarette, m'a dit que c'était ainsi, une phase où ils rient et fuient avant que ça bascule mais non, celui que j'aurai désormais face à moi n'a jamais écrit ou parlé ainsi :

« Et pitié maintenant, pitié de ce malheureux maintenant que ploie sur nous si terrible erreur, pitié quand on n'est plus derrière ses propres mains qu'un déchet, on a rompu à son devoir et plus rien pour renouer, pitié. Affublé de tel surnom pourquoi ça vous poursuit où que vous alliez, ce surnom qu'on m'a donné cité Lumineuse (la cité de Bacalan récemment détruite à la boule beaucoup y avaient passé ou grandi) et là je n'étais plus cité Lumineuse mais rue des Douves dans la maison vide c'est là qu'on dormait, j'avais rejoint ceux qui y vivaient, dans la maison vide aux fenêtres trouées tandis que d'autres étaient partis, si ces places ne s'achètent pas elles se négocient, on doit se faire accepter c'est un rituel muet et si on n'en a pas la clé pour entrer il ne vaut mieux pas ou de rester même pour une nuit, et l'autre il avait eu l'adresse comment, lui n'était pas de la ville et n'avait même pas de surnom et même son nom je ne le savais pas, il disait qu'il était de Metz et je sais que Metz est une ville là-bas dans l'Est, une ville à service militaire, comment je l'aurais connu s'il n'était pas de la ville et comment il était arrivé là, peut-être passé à la gare puisque tout le monde passe à la gare et parce que c'était l'hiver peut-être il lui avait suffi de demander à ceux du bus blanc marqué Croix-Rouge qui vient le soir à dix heures se garer trottoir d'en face (on vous y donne de la soupe chaude), est-ce que c'est ceux-là qui lui avaient donné l'adresse, indiquant la rue vers la Victoire et la place avec les arbres, disant *tu prends à droite et au bout de la place c'est la rue sur ta gauche, en face du garage Peugeot* et qu'au-dessus des pièces vides du rez-de-chaussée, si on trouvait l'escalier, il y avait ces chambres sur parquet où nous dormions, le culot qu'il fallait avoir pour entrer dans le noir et monter à l'étage où sont les matelas et les cartons et qui ici lui avait dit *reste si tu veux, reste on ne te demande rien.* Ça faisait la troisième nuit qu'il dormait ici, et moi je revenais, je n'avais pas été là d'une semaine, et ce soir-là je montais moi aussi dans le noir, trouvais la chambre à l'étage et posais mon sac, il y avait une lampe de chantier – une lampe sur batterie piquée sur un chantier de route (on les ramène le lendemain, on a chaque soir une lanterne chargée on apprend) – et là cette tête que je connaissais pas mais j'ai parlé de l'île de Ré, que j'irais dans l'île de Ré, pitié quand on ne peut plus faire que ce n'ait pas eu lieu, cela qui s'abat et qui traverse plus large que nous-mêmes... »

Au Centre de jeunes détenus un garçon à la coupe de cheveux hérissée (la décoloration jaune maintenant repoussée plus loin à mesure des semaines accumulées) a pris la place de l'autre aux cheveux trop longs peut-être dans la même cellule, en tout cas dans le même couloir et les mêmes heures, la même douche et les mêmes gardiens, recevant à midi et six heures le même plateau inox embouti à quatre alvéoles (qui revenaient sur les chariots avec encore en vrac dans les bacs la betterave rouge, le couscous au poulet et l'ananas d'un menu parmi d'autres, les restes abandonnés au détour d'un couloir quand l'après-midi du mardi on arrive, la quatrième alvéole celle du morceau de pain). Ainsi donc, l'idée désormais que j'aurais affaire à celui-ci même qui était maintenant accroupi avec d'autres derrière une des fenêtres : avoir vu Brulin toutes ces semaines d'affilée, et maintenant devoir regarder celui qui faisait qu'il n'y aurait plus Brulin nulle part et s'abstraire de cela, moi entre eux deux, un qui ne pourrait jamais plus le savoir, et l'autre à qui je n'avais pas le droit d'en faire état. Les cheveux hérissés maintenant à l'autre bout de la salle, une fois la place choisie rare qu'ils en changent, devant moi les yeux et la voix de la maison noire de la rue des Douves, et serrer la main indifférente et moite comme part seulement du grand collectif fluctuant qui chaque mardi me déléguait ici sa frange.

Le mot *couteau* et la faute de grammaire : « Quand il s'était *emparu* de mon couteau. »

C'était le premier mardi après Brulin, un peu avant d'avoir l'autre devant moi. Une fois où malgré les barrières que moi-même je proposais pour séparer l'explication de ce vide devant soi où on tombe, l'un d'eux, qui écrivait sur le monde des forains (j'avais vu le début de son texte, on en avait parlé, mais je n'avais pas vu que dix lignes plus tard il laisserait soudain tomber toutes virgules, sans doute j'aurais à cet instant lu par-dessus son épaule je l'aurais dissuadé d'aller là, mais j'avais à faire avec d'autres et lui était concentré, comme couché sur sa feuille) :

Et pourquoi je suis en prison s'est que il me fallait de l'argent pour le commerce que je voulait ouvrire et l'or d'un Bisnesse avec un copain sa sais mal passer et on a n'est venue au main et il a trébucher et il ma tirer ver lui est le couteau que je portée et tombée de ma poche et il la ramassé est sur la peur je lai retournée plusieure foits sur lui mais envant quont n'en vient au main il m'avais menacer moi et ma famille alors quant je les vue quil sestait enparus de mon couteaux saitaient moi ou lui mes aujour-d'hui ses moi qui se retrouve en Prison est si saurait était moi qui serait mort ses lui que vous aurait trouver à ma place car il mavait menacer et il avait jurer que sétait moi ou lui et comme je le connaiser il étaient capable de le faire et sur la peur voilà le geste que jai fait est jamais je pourraient me le pardonnait...

Pareil texte on n'en est que le dépositaire provisoire, cela ne nous appartient pas. Mais cela concerne pourtant, hors des murs, le monde et la ville, parce que cette parole rien ne lui permet sinon d'advenir, hors une brisure par violence faite qui concerne les deux côtés qu'elle sépare. C'est cela, où s'écrivaient et la lame et la peur, et cette idée pour n'importe qui scandaleuse qu'un autre visage aurait pu remplacer le sien, que je venais de lire avec mon corps et ma bouche, que j'avais encore dans la tête quand le gardien-chef m'avait posé la question (et non pas naïvement, sachant certainement que je n'en pouvais rien encore savoir, et délibérément reprenant à son compte le mot banalisé qu'eux ils emploient, eux qui touchent les lames) :

« Vous avez su que Brulin a été *planté*, c'était dans un squat, libéré de trois jours, ce n'était pas un méchant non il ne méritait pas ça… »

Et ce qui reste de celui qui ne portait pas de chaussettes et six semaines n'eut pas de pantalon de rechange, des lunettes qui ne tenaient plus dans la monture cassée et quémandait son tabac à rouler en parlant de trop près et impossible à fixer dans la pièce avant qu'il se mette à écrire, alors le visage tout contre la feuille et la silhouette cassée en deux, une main tenant le stylo bille qu'on lui avait prêté, l'autre main, la gauche, retenant le verre des lunettes : je prends liberté de parole parce que le corps a cessé et s'ils l'ont finalement ramené dans sa famille tout au long de la route en diagonale de Bordeaux à Metz ou bien s'il est resté là dans une concession provisoire, tiré dans un véhicule des services concessionnaires de la ville, est-ce que ça compte sauf l'engrenage, pour les bêtises faites à vingt-quatre ans, l'engrenage de parois dures qui rongent et des deux côtés se resserrent. Celui qui n'avait qu'un pantalon trouve abri dans un squat et quémande encore son tabac, personne ne le supporte parce qu'il n'a pas de tabac et parle trop et de trop près, et s'il voulait repartir à Metz ou pas, des histoires de place en voiture puisque cheveux hérissés avait un camion et devait s'en aller dans l'île de Ré, s'éloigner de la ville, ses quais et son port, avec les immensités de pins à traverser droit au long de l'Atlantique invisible si on descendait vers l'Espagne, ou vite les marches de montagnes et plateaux si on coupait vers le centre après Libourne, ou l'autoroute comme une saignée indifférente si simplement on remontait vers Paris pour changer là et repartir au-dessus vers l'est ou le nord : *pour un motif futile* titrait *Sud-Ouest,* mais une place en voiture quand on n'a plus de chaussettes et le même pantalon qui a traversé cinq semaines ou sept de détention puis la rue à la sortie, une place en voiture demandée dans les étages sombres d'un squat : l'île de Ré ce n'était pas complètement la route de Metz mais déjà quitter le squat, la prison et la ville, et plus rien, une vie qui s'arrête, et le grand corps maigre allongé rue des Douves.

De la phrase : *Le rejet est venu très tôt pour moi,* et cette manière de repousser tout au bout ce qui relève du sujet et aurait dû, dans la tradition de la langue française, initier la phrase et non pas la conclure.

C'est une grande ville près d'un fleuve que rien n'apprivoise, non pas même fleuve mais bouche sur la mer d'où un mascaret chaque soir remonte les berges noires variant donc comme la mer et charriant à contre du mascaret tout son pays de montagnes, rive gauche l'immensité de quais qui ont fait l'histoire de la ville, en face les raffineries, les entrepôts et les usines et des deux côtés les groupes hauts de bâtiments qui se font face, autour et loin du vieux centre aux fenêtres noires et la rue des Douves aux maisons murées, la ville posant sur la bouche de mer les six herses successives de ses ponts.

Et loin de la ville sur la mer, par-delà ses ponts à train et ses ponts à camions et voitures il y a Metz et Nancy, et ce qu'on se souvient là-bas d'une ville c'est d'abord la gare, à Metz la rue dite du Pont-des-morts, librairie Géronimo j'étais contre la vitrine, le dos appuyé à la vitrine de verre et devant moi des gens, des livres, les gens serrés dans une pièce avec des livres et, dans la rue, au moment que je m'étais retourné sur mon épaule gauche le nez contre la vitrine sous un bonnet de laine une face en ovale et qu'est-ce que j'en aurai vu, sinon que sous le bonnet de laine il riait, mais les deux mains repliées en griffes au niveau du visage oui c'est cela dont je me souvenais et le lendemain matin déposé à la gare par le libraire le même type était là dans le milieu du hall et parlait seul et hurlait, le libraire confirmait que c'était lui, l'apparition à la vitrine avec les ongles au-dessus de la tête. Nancy j'y allais souvent, on en avait parlé avec Brulin : « Je travaille avec le théâtre, j'avais dit en restant dans le vague. La Manufacture, tu vois où c'est ? » J'avais proposé ce jour-là qu'on parle des moments où dans sa vie à soi les chemins bifurquent, j'avais amené ce livre qui s'appelle *La Cave*, et commenté sa première phrase : « Le jour où j'ai pris le chemin opposé... » Savoir quel jour, eux, ils avaient eu ce sentiment de prendre l'autre chemin. Et comme l'un d'eux ici avait écrit ça dans son texte, *le rejet est venu très tôt pour moi*, la semaine suivante je leur avais demandé à tous de s'expliquer sur ce mot, *rejet*, disant qu'il y avait là une responsabilité du monde dans les destins individuels, et qu'on pouvait témoigner de ce qui, sans nous, n'aurait pas mémoire : non pas donc une histoire personnelle, mais ce à quoi il nous a été donné d'assister qu'on n'approuvait pas, et ce langage-là ils savaient le comprendre. S'en aller droit debout dans la parole et rien d'autre, les mots les faire sonner comme sur un bouclier de métal poli contre le corps tenu (Brulin n'était pas sorti de la prison avec son bouclier tenu), des histoires dont il n'y avait pas à se faire complice, rien, pas d'admiration, se faire non jugeant, mais retourner cette parole objective vers le monde au dehors, qui d'ordinaire se refuse à l'entendre : parler pour ceux qui ne veulent pas entendre.

Nancy et Metz les villes de Brulin, même la Manufacture à Nancy il connaissait, enfin il *voyait très bien où c'était*, et la voie de chemin de fer quand on part de la gare de l'Est, qu'on passe entre Romainville et Bondy, sous les tours de Bobigny puis que lentement le pays s'encaisse, que des forêts viennent et puis ces landes avec des étangs et des cabanes du dimanche, juste sous la voie, et puis les villes grises peu à peu traversées avec la disproportion des voies ferrées et des gares parce qu'il a fallu alimenter l'infrastructure militaire maintenant caduque et puis les mines et les usines, ce qu'on en aperçoit vaguement, les brasseries maintenant avec leurs citernes géantes dressées droit et les cheminées de brique, les cadavres vides de la métallurgie enfin, fenêtres percées, murs sans toits, les gares enfin à couleur jaune des villes de l'Est. C'était le pays de Brulin et on en parlait chaque fois tous deux (je n'y allais qu'une fois par mois, mais c'était comme un lien). Par exemple de ce type à Nancy qui vivait dehors et surnommé Johnny à cause d'un walkman sur les oreilles en permanence (« Oui, je sais, avait dit Brulin, parce qu'il écoute que du Johnny, il dort à la gare »). Quand il était mort, Johnny, on n'avait pu lui enlever les écouteurs, soudés à la peau, parti dans la mort avec ses écouteurs.

Et le même qui avait écrit cela : *Le rejet est venu très tôt pour moi*, un peu plus loin dans son texte, la même et si étrange manière d'évincer l'univers sujet dans le concassage du monde : *Malgré mon abandon du côté de ma mère.*

De ce qu'ils disent *les forces qui égarent*, second monologue imaginé de Tignass :
« Moi je vis dans mon camion j'ai un camion et dans

le camion un poêle à mazout mais l'hiver il fait trop froid c'est que de la tôle, ils m'ont dit que les premiers mois on ne s'en souvient pas, c'est pour ça qu'encore on rit, que les premiers mois ça ne revient pas et même on n'y croit pas, et maintenant je sais, c'est la peur d'être tué à coups de pierres, un rêve, courant dans la ville et voilà qu'ils me poursuivent un rêve que j'ai fait, hanté dans la nuit et devant mes yeux c'est les siens ils m'ont dit de me méfier parce qu'au début on ne s'en aperçoit pas et puis ça vous prend d'un coup et on y bascule mais avec du retard moi j'habitais là depuis trois semaines et je ne demandais rien à personne ce type mes affaires ça ne le regardait pas ni ce que j'irais faire à l'île de Ré et qui j'emmenais dans mon camion j'étais libre, le droit qu'on a d'être seul et pas de dette envers les autres, le chemin qu'on a fait et choisi pour vivre j'habitais là pour l'hiver j'avais mon chien mon sac et mon duvet et lui il me parlait de trop près soi-disant que sortir de prison donnerait des droits, il voulait partir de Bordeaux mais un quart d'heure avant c'était parce que moi j'avais des cigarettes et lui pas et puis auparavant c'était partager le repas qu'on nous amenait et ainsi de suite, ce qu'on estime avoir gagné de trois mètres carrés sans paroles ni plus de devoirs qu'un voisin à un autre par-dessus la barrière il n'a pas respecté mes barrières et moi je l'ai prévenu puis repoussé enfin c'est lui qui s'est énervé m'imposant loi du corps et de paroles comme quelque chose à rattraper c'est à plus que moi qu'il en avait, enfin comme on voudrait enlever de soi un habit qui ne nous plaît plus un habit trop sali se séparer de quelque chose qui colle moi mon camion je fais les festivals j'emmène qui je veux et qui je ne veux pas je ne l'emmène pas il me suivait : quoi faire pour sauver l'homme qui s'empresse vers la mort, ici c'était mon toit et mon carré de sol et mon chien mon duvet et mon sac il y a eu mon couteau j'ai pris mon couteau puis rentrer en soi-même comme en sa demeure et voir sa demeure pleine et se dire que la folie avec ses yeux sont aussi rentrés, et le toit tourne et le sol j'étais parti toute une nuit dehors et marcher la ville tourne et le ciel et puis ensuite les quais puis sur le matin les mains qui tremblent enfin la cité et le quartier j'avais été voir qui je respecte et je leur ai dit c'est eux qui m'ont conseillé va, livre-toi, rends-toi ils m'ont dit pour le camion et le chien on s'arrangera la douleur à l'intérieur des os installée, la tête mouillée de sueur et les mains moites du meurtre, un virage s'est fait qui désormais vous commande, moi je ne peux pas rester dans une maison ou dans un squat parce que je ne tiens pas en place mais on a enflammé soi-même les forces qui égarent, ils m'ont dit de me méfier, quand elles vous ont visité une fois, même si on rit elles reviennent et on bascule, moi ici je ris et je les attends... »

Et comme d'autres mots étaient venus un mardi quelques mois plus tard se glisser dans le texte de celui qui avait les cheveux hérissés, et que ce n'était plus rire mais, disait-il, *l'envie de me donner la fin de ma vie*, ou bien, plus loin, *rien à fouler de la vie*, celui qui s'appliquait maintenant sur sa feuille et ne riait plus, et moi j'avais décidé de ne plus revenir parce que rien de cela ne me regardait et que c'était trop.

Le dernier texte laissé par Jean-Claude Brulin avec ses mauvaises rimes : « Tu étais las de marcher dans cette rue sans fin / tu étais las de voler la nuit dans cette ville sans valeur / tu étais las d'échapper à la police nationale sans zèle / mais n'étais pas las de l'espoir du pigeon éventuel / mais tu n'étais pas las de l'opportunité d'une clé de Neyman de R19 / même si tu la casses le lendemain sur le réverbère tout neuf / mais tu n'es pas las de trouver

2 000 F dans un Renault Espace ouvert / même si tu dépenses tout en jeux vidéo, haschich et verres de bière… » On était parti de Guillaume Apollinaire et je ne l'avais sans doute pas mis en garde assez contre la façon qu'ont les vers si fragiles de *Zone* de déposer en blocs de glace si on ne se méfie pas de leurs automatismes, et ce qu'il reste de Brulin donc un texte de frime et sans même ces éclats qui souvent tout transpercent et rattrapent. Dans le commentaire qu'on en avait fait (l'application qu'on avait eue tout cet hiver, l'instituteur encore plus que moi-même, pour les obliger à chercher l'enjeu ou les conséquences de ce qu'ils laissaient ainsi venir à brut), attirant son attention sur la force que ça donnait de ne pas commencer un texte par les détails concrets qui suivraient mais placer d'abord cette vision métaphore d'une *rue sans fin* (*las de marcher dans cette rue sans fin*), insistant pour Brulin en disant : « Le titre de film que ça ferait, un beau titre de film… », puis une mise en garde contre une éventuelle confusion entre ce qu'on écrivait ici et puis le pourquoi d'une détention qui ne concernait pas ce qu'on faisait ensemble, redisant que ce que je proposais d'écrire c'était à côté, en amont, concernait la ville et pas le délit, lui me rétorquant que ce n'était pas pour ces choses-là (les clés de Neyman de la R 19, la somme prise dans le *Renault Espace ouvert*) qu'il était là. Que cela, une voiture prise et cassée, une somme *imbécilement* dépensée (c'était encore ses mots), il en parlait mais que cela ne lui avait pas été *compté*, que sans doute, c'étaient ses propres mots, *il ne payait pas assez* : « Je ne paye pas pour tout ce que j'ai fait. »

Lui Brulin ne tenant pas en place une fois son texte fait, le nez contre la feuille, sans rien écouter de ce qui se passait avec les autres, isolé par son dos cassé, ses lunettes cassées à maintenir, et puis, tandis que je lisais à voix haute pour le groupe, heurtant dans les tables, pieds nus dans ses chaussures et un pull de laine déformé sur un tee-shirt, venant jusqu'à moi pour des explications que je ne demandais pas, repartant vers la fenêtre. J'avais demandé : « Il y a longtemps que tu es à Bordeaux ? » et la réponse c'est qu'il était parti de Metz ou Nancy il y avait cinq ou sept semaines, était là droit jusque devant la mer sur la côte des Landes et puis retour vers la ville quand le surpeuplement de vacances des côtes y avait refoulé, la ville il ne la connaissait même pas. La première fois que Brulin n'était pas venu, on n'avait pas voulu me donner d'explication, quand dans tous les autres cas (extraction, transfert, parloir, service général), on me donnait toujours l'explication que je ne demandais pas. J'ai insisté, on m'a répondu : « Transféré à la *grande maison.* » J'ai dit que ça m'étonnait, parce que ceux qu'on renvoyait là-bas (donc, ceux qui n'avaient pas *moins de vingt-cinq ans*) avaient forcément fait des bêtises, et ce n'était pas le genre de Brulin. Il a fallu que je repose la question, pour qu'on me dise : « Mauvais traitements de la part des codétenus. » Ici, forcément aussi, ce n'était pas un euphémisme.

« Mais tu n'étais pas las de l'opportunité d'une clé de Neyman de R19 / même si tu la casses le lendemain sur le réverbère tout neuf... »

Et perdre la vie pour ça.

L'expression *mauvais traitements de la part des codétenus.* Buffet de la gare Saint-Jean à Bordeaux, un mardi entre 17 h 50 et 19 h 40, dans la dispersion des tables et le peu de gens résistant aux courants d'air, devant une tasse de café froid et ressassant l'article de journal, et c'est le fantôme de Brulin qui passe dans les tables :

« Ils ont dit *mauvais traitements* mais rien d'autre qui porterait témoignage de ce qu'on endure, de l'un à l'autre les cinq ils me renvoyaient comme les bords d'une table la boule de bois, leurs survêtements et leurs baskets ont des insignes de marque et cela commence on dirait simplement parce que vous n'êtes pas habillés comme eux et que personne au parloir n'est venu vous requérir et que vous n'avez pas de quoi vous munir à la cantine de plus que ce qu'on vous donne, moi je savais que là je ne serais pas pour longtemps qu'est-ce que ça faisait au fond, et le premier qui a porté sur moi la main j'ai enduré, j'ai tourné le dos et l'ai méprisé puis ce soir-là quand dans le couloir les cinq ils se sont mis devant moi je fus une boule de bois sous leurs coups ça avait duré quoi, le temps que le gardien vienne et ouvre et si je m'étais plaint pour qui j'aurais passé ? J'avais dit à Mirador (puisque le gardien on l'appelle comme ça : Surveillant si on le dit devant lui et Mirador entre nous) je suis tombé et j'ai ramassé mes lunettes et je suis passé : dans leurs yeux marquer par défi que je n'étais pas de chez eux, puisque c'est de l'intérieur de la boule qu'il faut trouver la force d'arrêter le rebond sur les bords, se retourner et répondre mais les mains, les mains prisonnières du bois dans la boule, et leurs yeux et leurs mains et le rebond contre leurs corps tout cela qui vient contre vous se reflète sur le bois du dehors, le lendemain ça recommence mais en appeler à Mirador et les autres, ceux qui ici sont l'ordre ç'aurait été dire je plie ou je renonce ou même est-ce que j'existe. C'était dans la cour sur le goudron à bandes blanches qui leur sert au football et moi je n'étais plus que cette boule de bois et devant moi mes cheveux et devant moi mes bras, moi plus haut qu'eux derrière mes lunettes de travers et puis tombées et puis remises je leur disais que d'eux je n'en avais rien à faire et que j'allais partir. Mes bras devant moi des ombres maigres et devant moi mes cheveux, j'avançais et dans la cour leur disais, que vous importe dans vos survêtements de marque ma misère, quand je suis tombé j'ai eu mal mais parler je continuais et mes mains et mes bras encore je les avais devant moi je les montrais sous le ciel aux grands nuages des bords de mer, je suis venu de l'Est je disais et j'ai voulu voir la mer et les vagues, je me suis relevé ils m'ont poussé dans le dos j'ai saigné, tout mon visage saignait j'avais mal. Je suis tombé, encore j'ai dit à Mirador. Le lendemain c'est là qu'ils m'ont changé, mis seul pour les cinq jours qu'il me restait à faire alors je n'aurais rien pu leur montrer, cela voulait dire garder en soi quelque chose qu'on n'a pas pu renvoyer dehors comme la boule à nouveau ferait rebondir le monde et la ville qu'elle reflète, moi je voulais le leur faire savoir, je me serais vengé et mes bras devant moi et mes doigts et mes ongles et malgré le sang sur le visage et malgré, alors on emporte avec soi la somme accumulée de ce qu'on endure et qu'il faut recracher, moi je voulais j'aurais voulu renvoyer à la surface tout entière de la ville et du monde tout ce qui en moi avait enduré et encore une fois devant le visage c'est les cheveux et les grands bras maigres, maintenant j'étais hors de la prison et hors des murs et j'étais seul entre la prison et la ville, eux pouvaient donc croire qu'ils avaient gagné. »

Ce jour-là c'était la dernière fois que j'aurais vu Brulin on avait donc travaillé sur *Zone* d'Apollinaire et puis la semaine suivante pas là, c'était l'heure de repartir, le gardien à la porte qui dit qu'il est 16 h 30, qui leur ouvre le grillage donnant sur la cour avec pour promenade ce terrain de foot et ceux qui marchent tout autour, et ceux qui tout autour se collent aux grillages pour parler à distance avec les barreaux noirs et les mains et les pieds qui dépassent des cellules, un assaut verbal où tout s'entend puisque de pavillon à pavillon ils ne se croisent pas, revenant donc à la gare et le mardi suivant Brulin n'était pas là et c'est parce qu'on m'avait dit ça sans autre précision :

problèmes avec les codétenus et ici avec les portes à barreaux
de fer et la cour de bitume on ne dit pas ces choses-là
pour des broutilles, et encore un mardi cela m'aurait fait
donc deux séances de plus pour travailler comme on
retourne sur soi une mauvaise image une image trouble,
et puis ce dernier mardi la phrase « Vous savez que Brulin
a été planté » et puis arrivant à la gare lisant l'article dans
le journal : *Pour un motif futile,* mais le mot futile lui-
même comme une boule accessoire dans le grand jeu de
cette illusion en travail. Avec Brulin on parlait toujours
de Metz et Nancy : « Vous y êtes allé cette semaine, monsieur ? » Et si, avec une semaine de plus, il avait eu la
force de reprendre le train de nuit, quitte à se coucher
sous les banquettes ou s'enfermer dans le chiotte pour pas
payer, et retourner là-haut au lieu de tenter la chance du
squat, et dans la tête on tourne et on tourne.

Le mot Bacalan et le nom *cité Lumineuse.* Buffet de la
gare Saint-Jean à Bordeaux, un mardi entre 17 h 50 et
19 h 40, dans la dispersion des tables et le peu de gens
résistant aux courants d'air, devant une tasse de café
froide, et c'est une fille seule assise à une table et parlant
comme à voix basse on se parle mais l'histoire que j'ai
dans la tête non elle n'a rien à y voir ni y faire, les paroles
qu'on imagine sont forcément des paroles fausses :
   « Parce que qu'importe ce qu'il a fait si c'est mon frère.
Et j'irai chaque semaine avec le pochon de plastique blanc
des vêtements de rechange le visiter, je lui raconte nos
jours et nos fêtes, les fêtes dont lui se souvient aussi il me
les raconte parfois Auchan tout près et l'âge d'y aller faire
des courses, ces cartons par douze de boîtes métalliques
de bière cela dépendait du ciel, de l'humeur et des modes
du jour en repartant on était six dans la voiture ou même
sept on se calait on était sur les genoux des autres et c'était

déjà ça aussi de commencer à rire après les immeubles plus loin il y avait la raffinerie et sur la route plus de voiture c'est une route qui ne sert à rien et les immeubles c'est à peine si maintenant ils dépassent de l'herbe, la grande herbe haute l'herbe folle, on traverse les voies ferrées avec les alignements de wagons-citernes, ce sont des traits gris en arrondi qui s'en vont jusqu'où derrière nous, l'herbe, les immeubles et le ciel se rejoignent et tout au bout de la route (mais elle n'est plus qu'un chemin de terre où la voiture cahote et glisse et sur les genoux quand on est sept dans la voiture trois devant et quatre derrière on commence à rire plus et se tenir plus fort, il y a le jeu d'envoyer ses cheveux sur la tête de l'autre et on se sent bien, mon frère souvent conduisait), on arrive au blockhaus le bunker allemand avec dedans les trous, les marches d'escalier qui s'enfoncent dans le sable, et encore plus loin on marche c'est notre endroit, on retrouve les seaux sur quoi on joue du tambour et du tam-tam c'est là qu'on vient pour la fête on sort le carton et on fait du feu, on ne reviendra que le lendemain au matin et les pensées ne sont pas bonnes qui dépassent l'homme, mon frère je lui ai rendu visite et j'ai retrouvé, passé la porte verte de fer aux barreaux rectangulaires, l'entrée plus étroite où on doit se dépouiller du métal, les clés et la monnaie, pour passer sous le portique de sécurité et plus haut c'est la balance où on pose le sac de plastique avec les vêtements de rechange parce qu'ils pèsent il y a une limite et puis la table de bois allongée où ils fouillent (ils ne fouillent pas tout, ils ne vous fouillent pas vous), et puis enfin la suite des boxes de bois en travers de la salle où quatre par quatre on est face à face c'est se dire que le temps ordinaire continue, il y a seulement les pointillés, de l'affaire on ne parle pas il y a un avocat et puis qu'est-ce qu'on y changerait on est seul avec sa tête, celui qui est là-bas et moi qui pour revenir ai pris l'autobus G jusqu'à la gare et l'envie ici de rester un peu et d'attendre avant de reprendre cette fois le 4, le mot Bacalan cité Lumineuse comme il résonne sur la ville, mon frère avait quitté la cité il préférait la ville et nous on l'avait prévenu, moi j'ai dit à mon frère... et qu'importe ce que j'ai dit, il attend et nous aussi. »

Pour un motif futile, dernière. Buffet de la gare Saint-Jean à Bordeaux, un mardi entre 17 h 50 et 19 h 40, dans la dispersion des tables et le peu de gens résistant aux courants d'air, devant une tasse de café froid et ressassant l'article de journal, et c'est l'habituel brouillement de l'air par toutes les voix mêlées et les sonneries des jeux à lumière et les appels de haut-parleur pour le quai déjà noir où viennent les trains gris et dans deux jours ce sera mon tour de reprendre la ligne pour aller à Nancy puis Metz et là-bas je ne demanderai rien de plus, il n'y a plus de lien, la fille plus loin a les cheveux qui tombent sur le visage et reste immobile, si c'est elle que j'ai vue cet après-midi à 13 h 15 en traversant le groupe de celles qui attendaient pour le parloir avec les balluchons de plastique, et le fantôme là-bas d'une silhouette maigre aux cheveux un peu longs et dos de travers et le bras maigre qui s'avance devant les gens sur leurs tables c'est juste pour demander de l'argent et quand j'ai donné dix francs il a été surpris comme de faire ça sans espoir même de rien ramasser et il m'a regardé dans la figure et ce n'était pas Brulin, bien sûr que non mais il a bien compris que peut-être ce n'était pas à lui que j'avais donné la pièce pour le paquet de tabac pas amené, dans la rage contre la paterne épitaphe (mais mardi prochain je retournerai encore, c'est décembre et après décembre il y aura janvier et encore je serai là et à lui serrer la main en partant, moi aussi j'évoquerai la brûlure des mots recueillis et ce qu'ils disent) j'écris sur mon cahier, sans préméditation donc de continuer ensuite tant de mois pour si peu de pages :

« Brulin, Jean-Claude Brulin, ici où on survit par un surnom, lui n'en affichait pas, quelle mémoire pour un nom qui s'en va, j'aurai mémoire de Brulin et ce sera la stèle faite autour de ce qu'on ne saura pas, personne, ni même celui qui en face tint la lame et aujourd'hui l'a remplacé derrière les pages blanches où s'écrire, parce que ce qu'il voulait dire il ne le savait pas lui non plus mais quémandait de trop près, lui-même avec qui il aurait fallu se pencher combien de semaines encore derrière ses lunettes cassées sur sa page remplie à l'encre bleue mais à vingt-quatre ans il n'est pas temps de se retourner sur les erreurs faites, stèle pour ce qu'il y aurait eu à dire que rien ni personne n'est venu entendre sauf la lame, et le codicille d'un article lu un mardi soir buffet de la gare de Bordeaux Saint-Jean sous le titre *pour un motif futile* avec un surnom sans visage, ce qu'on sait de Brulin quoi en faire, à Metz d'où il venait il y a toujours la rue du Pont-des-morts, on a cela comme un paquet dans les mains et on le lui doit, je ne saurai rien de plus, le nom de Jean-Claude Brulin et je n'aurai rien su d'autre. »

Avoir ajouté un nom à la si longue liste qu'on se fait chacun des absents au monde.

II
AU BORD DES VILLES

C'était la veille, le matin sept heures, rue piétonne. « Vachement tôt. » Il a dormi, mais pas beaucoup. Sur le matin, quand tout était fini, fermé. Ils étaient trois, peut-être un quatrième mais un qu'il n'avait jamais vu, de toute façon il n'est pas resté, il les a accompagnés puis est reparti. Ce n'était pas encore le matin, ça allait basculer vers. Ça devait faire dans les trois heures. C'était une rue à maisons, mais, à un endroit de la rue à maisons, un immeuble avec barrières. C'en est un des trois, pas le quatrième, qui connaissait : on pouvait passer par les poubelles, ce n'était pas fermé, et derrière c'était une sorte de cave, et dans une des caves des cartons qu'ensuite il faudrait remettre.

Il se souvient qu'où il était couché il y avait des tuyaux de descente d'eau, une porte blanche en bois sur la partie droite, avec une empreinte de mains en peinture, taille adulte, sur le rectangle de bois marqué *accès gaz*. Derrière la seconde porte il était allé voir, juste l'entrée locataires, fermée derrière son interphone à code. Vitres étoilées. Boîtes aux lettres, douze, dont quatre sans nom, et une où le locataire, Deslandes, a écrit son nom au feutre, sou-ligné. Parois non peintes. Sur le ciment nu, les taches de réparations en ciment plus foncé, le sol en faux marbre. Ils avaient dormi là tous trois, chacun contre un angle, et c'est celui qui les avait amenés qui les avait mis dehors :

avant sept heures, parce qu'après c'était le gardien avec les poubelles et il ne voulait pas être fichu dehors, il venait ici souvent il avait droit de propriété. Est-ce que lui il se souviendrait de comment retrouver la rue et l'endroit? Ces immeubles se ressemblent. Ça devait être derrière Mériadeck, puisqu'il avait traversé ces immeubles à prétention moderne pour revenir à la rue piétonne.

Des magasins fermés, des rideaux en fer, la fontaine pour personne. Une balayeuse racle les trottoirs en éclaboussant, laisse derrière elle l'odeur de l'eau noire. « J'ai marché, comme ça le temps passe, tout doucement. »

Vers huit heures les gens arrivent, les magasins n'ouvrent pas encore, on lève les grilles à un mètre, il y a des lumières, on fait le ménage. Maintenant il est devant l'église, il s'est assis sur les marches et regarde. Ici ce sont les anciennes maisons, les maisons refaites à l'ancienne sur des magasins de vêtements. Il est assis, le soleil a remplacé les éclairages, il a froid. Il avait trois francs et rien d'autre, il a demandé à des gens et les gens lui ont refusé, il est quand même entré dans une boulangerie et a mangé sa demi-baguette, sans rien. L'église aussi on l'a ouverte et dedans on entend de la musique, ils laissent toute la journée la musique.

Vers dix heures il voit passer des copains, ils se sont assis près de lui sur les marches de l'église. Ils avaient à boire, de la bière, ils lui en ont donné. Sur la place derrière c'était le marché, les gens revenaient du marché avec des paniers. Un des copains est allé demander, là les gens donnent plus facilement et c'était le plein jour, ils ont racheté de la bière. Ils ont dit qu'ils iraient à la FNAC, tous les trois. Lui il ne connaît pas si bien ces deux-là, ils ont fait un arrangement, lui il se promènerait tout seul, tripoterait les trucs, visible, rien de mal, sans s'occuper des deux autres. On se retrouverait devant l'église. C'est ce qu'ils ont fait. La FNAC n'est pas loin de la rue piétonne, au fond d'une galerie souterraine illuminée dans un gros bâtiment gris sans fenêtre posé au travers du vieux quartier de maisons comme de les avoir écrasées par-dessous. Il a regardé les livres, et puis les disques, et puis les petites choses en rayon (écouteurs et baladeurs), décrocher et remettre. Il sait où sont les caméras, il reste dans le champ des caméras. Quand il ressort, les portiques ne sonnent pas, et les deux autres sont là. On ne se demande rien, on ne se dit rien. Ils lui donnent un billet de cent, ils s'en vont.

Le midi dans la rue il y a beaucoup de monde, forcément, et ça descend des bureaux, ça va dans les bistrots où on mange. Avec le billet il a mangé un sandwich grec et puis regardé ce qui se passait. Quand on va près de la Victoire, la grosse place ronde avec son car de flics, on voit bien le ballet de ceux qui vendent. Lui il a mangé son sandwich assis sur un banc, mais n'a reconnu personne. Que ce type à la guitare, qui chante assis par terre, et l'autre avec son chien, il connaît pas le nom du type, il connaît le nom du chien : Billard, mais à celui-là non plus il ne parle pas. Il sait que l'autre l'a vu lui aussi.

Après c'était la sortie des lycées, il a marché jusqu'à son quartier. C'est un de ceux qu'il a connus autrefois qui l'a emmené en scooter. Ils étaient loin du centre, mais c'est le moment où c'est dans les quartiers que tout se passe. Il restait, sur les cent francs, alors ils ont joué aux jeux vidéo et lui il a payé la bière aux autres. Quand c'est le soir, le quartier c'est moins bien. On voit aux fenêtres qui s'allument, on se doute qu'il y a dedans la télé, dans les bars c'est les habitués et les voitures aux feux vont bien plus vite. Ce n'est pas une heure très bonne. Il aurait voulu voir des filles, il avait pensé, celles du quartier, et il n'a pas parlé aux filles. Dans le bus on n'a plus à s'en faire comme dans la journée, les contrôles sont finis et le conducteur ne cherche pas les ennuis. On monte par l'arrière et on s'assoit, chacun son métier, et les bus à cette heure aussi vont vite. Il est revenu dans le centre. Il a marché dans la rue piétonne, et rencontré d'autres copains, ceux-là c'est des gars qu'il aime bien, un ancien collègue de foyer et puis un de son quartier. La brasserie s'appelle O'Neil, c'est une brasserie genre pub avec de la musique, et en haut sur des télés, des images de chanteurs. Ils se sont mis dans un coin, il avait encore de quoi prendre un verre et puis il connaît le patron. À un moment donné un autre était là et cette fois ce n'était plus de la bière, quelqu'un a dit qu'ils allaient prendre une cuite, mais il n'y avait plus d'argent pour personne et donc ils sont partis.

Ils ont marché sur les quais, parce que deux d'entre eux devaient prendre le dernier bus, qui passe là vers onze heures et quart. Dans les petites rues parallèles aux quais il y a des bistrots à porte étroite et lumière mauve. Ils sont entrés à la Rhumerie avec un ou deux autres, mais sans reconnaître personne qui leur permette de s'incruster sans dépenser. Forcément ils se sont retrouvés vers le Dead Flowers où de l'intérieur une musique forte déborde largement sur une de ces petites places courtes et tout en hauteur du vieux Bordeaux, c'est connu, à Bordeaux, le Dead Flowers : « Où est-ce qu'on se retrouve, au Dead Flowers ? — Pas de *blème*. » À l'intérieur il y a le bar où cinq peuvent s'aligner, et trois tables minuscules à deux places rangées contre la fenêtre, et le gros appareil à musique. La porte est ouverte et dehors il y a des tables rondes et un peu hautes pour boire debout. Mais beaucoup sont là qui ne boivent pas, on s'assoit par terre sur le trottoir d'en face ou sur l'escalier d'une maison murée et on reste. Il a vu un verre de bière plein posé sur une table et le type parti causer à un mètre qui ne regardait pas, ça lui a fait son verre de bière à lui, c'était bon. Maintenant ça tournait un peu.

Plus tard la musique s'est arrêtée. Il a repris en long la rue piétonne et a fait l'effort de traverser les rues comme souterraines de Mériadeck, non pas qu'elles soient sous le sol mais c'est ces grands blocs de béton gris dressés en l'air comme d'ignorer ce qui se passe à leurs pieds. Il cherchait la rue avec les maisons pareilles et l'immeuble où on pouvait dormir. Il a marché beaucoup et dans plusieurs rues. Il a vu beaucoup de ces petits immeubles coquets qui donnaient dans des rues en courbe, mais pas l'endroit où on pouvait rentrer par les poubelles (pourtant il aurait aimé retrouver ce mec d'hier soir, et les cartons).

C'était loin dans la nuit, et il était fatigué. Un moment il s'est mis dans une entrée, juste sur des marches, mais il a plu un peu et il a préféré marcher encore. C'est bizarre, quand on dérègle le sommeil, comme viennent des moments où le sommeil s'en va, une excitation qui vous prend où les idées deviennent très claires et comme, même, il vous semble n'en avoir jamais eu. Il a commencé à regarder les voitures, comme ça, sans autre idée, et il a trouvé celle-ci qui était ouverte, juste à monter dedans. Une fois dedans seulement il a pensé que ce serait mieux s'il l'emmenait plus loin, il pourrait dormir plus longtemps. Il a sorti son multilames et attaqué, sous le volant, le bloc contact en fait tout simple, sans les codes et tout le bazar. La voiture avait démarré comme d'être bien contente qu'on s'intéresse à elle, prête à partir dans la nuit, et même, parce que la tirette chauffage était côté rouge, au bout de trois rues lui offrant sa chaleur.

C'est une idée très fausse qu'on soit vraiment réveillé parce que tout d'un coup on a changé de rythme et qu'on a chaud. Ça lui était venu, l'idée d'un grand tour par les boulevards, et puis, côté Mérignac, de voir les entrées de boîtes de nuit et puis de prendre avec lui ces deux mecs qui marchaient et avaient fait un signe. Voilà comment il avait appris que la voiture c'était Ford (ça c'était marqué sur le volant au milieu, c'était pas difficile), une Cosworth, qu'il avait discuté avec ces gars et qu'ils avaient pris une bière et qu'ils s'étaient retrouvés route de Lacanau, sans se connaître même pas les noms ni prénoms.

Ici on dit seulement : *rive droite*. Parce que c'est de l'autre côté de la grande ville, qu'il y a ces grandes veines des ponts qui font pourtant un seul corps des deux rives, où la ville se rassemble encore avant d'éclater en étoile par ces routes longeant des usines de brique, des entrepôts de fer et de poutres, et là la grande usine à béton qui fait l'arrière de la cité, avec dès le matin le ballet réglé des camions de Rapid'Béton qui font la navette avec leur cornet à glace tournant lentement sur l'arrière pour approvisionner leurs chantiers.

Devant la cité il y a le fleuve (une rive mêlée de pavés rectangulaires glissants et usés, à pente très raide, et plus loin, où ça avait été démoli, de pierres non taillées emballées par quatre dans du grillage et tombant droit dans l'eau marron comme une digue), et entre la cité et le fleuve ce terrain vague où enfants ils faisaient leurs cabanes, où quelques grillages délimitent encore des jardins ouvriers, et où les carcasses de voiture, celles qu'on n'a pas eu le courage de pousser à la Garonne, permettent de préciser les lieux de rendez-vous.

Il est en bas de son immeuble avec quatre bons copains, c'est leur escalier et ils restent là en bas.

À l'époque (l'an dernier) c'était le seul moyen de faire de l'argent alors ils attendaient devant l'entrée du bloc et quand quelqu'un venait ça se voyait bien s'il était de l'autre rive et avait pris un bus pour traverser les ponts et se rapprocher de l'usine à béton, franchir le parking et approcher le bâtiment blanc avec les quatre portes d'escalier, et d'autres debout pareil appuyées aux murs (« Qu'est-ce vous faites ? — On tient le mur… ») aux autres escaliers.

Rien d'autre à faire qu'attendre que ça vienne à votre porte, ça dépendait d'où on les avait amenés la première fois, ensuite ils revenaient plutôt à la même. Nous on avait mis la marchandise dans une boîte aux lettres (une du quatrième, qui ne sortait plus de chez elle, c'est l'infirmier des fous qui venait chaque matin) et l'échange se faisait simplement, des petits paquets tout prêts.

Car dans ma cité ça se passe comme ça, parce qu'il y a plusieurs immeubles assez longs et presque à chaque entrée il y a quelqu'un qui attend les clients, ça fait de la concurrence.

C'est un immeuble où il y a plus de vieux que de jeunes et ça gueule tout le temps, *en plus il y a des voisins qui voient notre manège* et ça leur fait toujours un peu peur car quelquefois ils appellent les flics, c'était un beau souvenir, ce jour qu'ils savaient que les *keufs* allaient rappliquer, qu'ils étaient montés tout là-haut au huitième et quand le car avait bloqué devant l'entrée avaient balancé depuis tout là-haut un vieux cadre de Mobylette sur le fourgon, *le bruit t'aurais dit une explosion nous on s'était cavalés.*

Son copain c'est Karim, un qui danse bien et qui sait toutes les danses, comme il sait aussi la liste de toutes les boîtes à portée de voiture, celles de la côte où on va l'été, le Miami à Andernos et le New Dream à Arcachon, le Blue Lagoon à Lacanau ou le Maxy et le Sunset (mais des Sunset il y en a à chaque coin de rocade, sur la côte ou ailleurs), ou tout autour de Bordeaux suivant la direction qu'on prend, comme le Macumba, le Windsor et l'Andalou si on va vers Cap-Ferret par Mérignac ou bien le Pacha et le Monkey King à Pessac, le Crocodiles route de Libourne ou bien vers Bègles le Vénus le Must et les Templiers ou près du fleuve le Liberty et la Mascotte, ou si on a tourné par l'autre sens de la rocade et qu'on arrive à Bordeaux Lac (qu'ici ils disent Bordeaux Flaque) c'est le Mambo Club, le One Two Two ou le Rétro, si on reste vers le centre il y a le Sixties, le Privilège et le New Centaure (plus le Caesar's, mais il n'aime pas, il y a eu des ennuis), et puis quelquefois où on vous a emmenés, où on ne se rappelle plus bien, peut-être même c'était la fois qu'on est allé jusqu'à Langon ou Bergerac, ou tout simplement qu'on n'était pas en état de savoir, et que le nom reste ensuite parce qu'il est dans les conversations, ça devait s'appeler le Pink Panther ou le Gibus mais on n'a plus dans la tête qu'une vague enseigne, le regard d'un portier à muscles et la tonne de bruit qui s'abat sur vous quand on entre dans les lumières hachées et violentes, là où on est bien et donc qu'on se demande si jamais on pourrait retrouver cet endroit où on est allé et qui s'appelait Exotic Bobo Club ou un truc dans le genre, là qu'on se fait les samedis soir, qu'il faut bien s'allumer avant minuit pour pouvoir dignement y entrer et savoir oublier pour s'amuser, quand on sortira de toute façon il fera jour, la même voiture cahotante vous hébergera pour dormir un peu sur parking ou bas-côté jusqu'au soleil grand levé et qu'on se prendra un café là où on est, avant de suivre à nouveau les panneaux Bordeaux, et puis les panneaux *rive droite* et par Lormont, Cenon, Floirac ou La Bastide revenir à l'usine à béton qu'on voit de si loin, en face les raffineries, jusqu'au grand bâtiment blanc qui s'appelle, c'est comme ça, Californie Un.

D'autre pote il y a Manu, lui il est dingue de moto, il les répare il les revend. On peut même lui demander sa marque, vous lui dites la cylindrée et la marque, il vous répondra : « C'est dur. » Ou bien : « Il y a tant d'attente. » Manu c'est souvent lui qui nous emmène en boîte de nuit parce qu'il a toujours un peu d'argent d'avance. Il a sa moto à lui, sa préférée, une vieille Trial qui ne paye pas de mine mais qui oserait la lui prendre ? Il la laisse là, devant son escalier, Manu est respecté. *Toute la journée on attend, alors des fois on voit passer Manu, c'est un pote qui est dingue de moto. Il parcourt la cité de long en large, il n'arrête pas, il s'amuse à rouler sur la roue arrière de sa moto et des fois il monte sur une voiture avec sa moto, ça fait comme un tremplin de saut. Comme c'est une moto de compétition trial, il y arrive sans problème.*

La cité est divisée en deux parties, il y a Californie Un et Californie Deux. La cité ne fait qu'une, mais au milieu il y a un rond-point. *Ce rond-point c'est la limite, personne ne vend sur le territoire de l'autre, c'est une règle qui a été décidée il y a plusieurs années par les anciens.* Alors on reste en bas des escaliers, on attend. Les escaliers sont les mêmes, les boîtes aux lettres et les fenêtres, et les toits plats avec les cheminées découpées des immeubles et le soleil quand il se couche derrière tout cela c'est pareil mais il y a le rond-point au milieu et on ne traverse pas, le supermarché ATAC lui c'est l'autre coin du triangle, quand on est là-bas on se respecte et on se connaît et quand on est en ville on sait bien qui on est et s'il y a difficulté ou embrouille avec ceux de Bacalan ou Saint-Michel, Californie Un et Californie Deux on ne fait plus la différence mais. Il paraît qu'il y avait eu des bagarres.

« À part ça, Californie Un et Californie Deux le soir c'est à peu près pareil, à part qu'il y en a un qui met de la musique dans sa voiture, ouvre les portières et ça continue la chasse aux clients, on fume quelques joints, on boit quelques bières, et on attend. On discute de choses et d'autres, et quand un pote part faire une course, il est remplacé par un autre. Des fois on est une quinzaine à délirer, mais on délire en même temps sinon on s'ennuierait. Et voilà comment se passe une journée à la cité. »

C'est comme ça et quoi faire d'autre, rive droite ou celle d'en face, on sait que le conseiller ANPE s'appelle

Marc on va le voir une fois par mois et ça assure, les stages quand il faut on les commence mais à quoi ça mène on le sait, donnez votre adresse et écrivez Californie ça suffit, on vous fait un grand sourire et on vous dit : « Vous en trouverez certainement, du travail, vous avez tout ce qu'il faut pour en trouver. » On vous dit au revoir gentiment.

Alors on se dit qu'on va continuer comme ça. D'ici l'Espagne en train c'est facile et comment passer notre truc par le train de nuit on sait faire, Karim vient et parle aux Marocains mais nous on ne leur parle pas, Karim nous donne les sacs en plastique et on se débrouille, si dans le train on se faisait prendre ce serait pas à nous le sac, quelquefois on descend plutôt à Langon qu'à Bordeaux Saint-Jean et on téléphone ils viennent nous chercher, nous on revend même quelquefois à ceux de Paris. Karim ici il ne se mêle plus de rien, il achète et revend, ce jour-là il avait dix Nintendo ça faisait douze mille il avait lâché ça trois mille et faisait encore son bénéfice. On avait commencé par un pot au Caesar's, c'est à Bordeaux-Centre sur les quais et puis quelqu'un, pas Manu mais un de ses copains, avait guidé Karim en traversant Pessac parce que là-bas il disait c'est pas très connu mais la musique est bonne, et de là on avait fait connaissance d'une fille mais quand elle était sortie elle n'avait pas voulu qu'on l'accompagne, résultat pour rentrer on avait dû marcher, Karim entre-temps il avait quitté la boîte on ne pouvait pas lui en vouloir, la fille on avait baratiné un petit moment, moi donc avec ce type tout ce que j'en savais c'est que c'était une connaissance à Manu, et donc nous deux qui ne nous connaissions pas, déjà la pleine nuit, on a fait signe à des voitures qui bien sûr ne s'étaient pas arrêtées sauf celle-ci, un bon moment après, alors qu'on marchait c'est ce type qui s'est arrêté et nous a dit de monter, et même je m'en souviens il s'était mis à pleuvoir et il nous a dit (il avait essayé plusieurs boutons derrière le volant, les phares et tout, on était deux mais il a dit *tu* quand même) : « Tu sais pas où c'est les essuie-glaces sur cette caisse ? »

Et comme la voiture c'était Ford Cosworth je savais et je lui ai montré, c'est de là que je l'ai complimenté sur les Cosworth et qu'on a pris Lacanau parce que c'était indiqué, juste pour voir comment ça roulait.

Le réveil est dur, je sors de mon lit, je regarde autour de moi comme chaque matin à la même heure. J'allume la chaîne, je sors de ma chambre, marche vers la cuisine. Je vois le petit déjeuner prêt, pourtant il est dix heures. Mon père et ma belle-mère sont au travail. Je bois vite fait un café, je prends ma douche, me brosse les dents. Je retourne dans ma chambre, je m'habille : jean, baskets, une chemise longue à carreaux style à la mexicano, j'ouvre la fenêtre et vais sur le balcon. J'allume une cigarette et je regarde, je vois les bâtiments qui entourent le mien, et au milieu la maternelle. Je vois les enfants qui jouent avec des roues de voiture. Un peu plus sur la droite, sur le terrain de foot en gravier, je vois Abdel qui attend que l'un d'entre nous descende pour le rejoindre. Moi je retourne dans le salon, je remets la cassette de The Gang, j'écoute tranquillement le son et ainsi de suite jusqu'à treize heures. Je sors de chez moi, je claque la porte, et comme toujours la petite vieille d'à côté sort de chez elle. Tous les jours c'est pareil, elle sort. Je suis devant l'ascenseur, souhaitant qu'il arrive le plus vite possible pour ne pas entendre ce qu'elle rabâche comme chaque fois, franchement elle me prend la tête depuis l'âge de dix ans qu'on a emménagé à Bacalan. Elle me dit la même chose et là c'est pareil, l'ascenseur s'est pas grouillé elle m'a pris la tête. Je sors de l'immeuble par la petite allée, je longe la maternelle, je saute le muret et me retrouve sur le terrain. Là, les mêmes têtes que d'habitude. Je dis bonjour, je serre la main. La discussion est la même depuis des années. Qu'est-ce qu'on va faire, et si on bouge à Saint-Michel ou rue Sainte Cath' ? Ou aller aux Eiders pour chercher l'embrouille, parce qu'ici on n'aime pas les Eiders. Mais rien du tout. On reste là. On se fout de la face de l'un d'entre nous et ça tourne. Quand je vois deux ou trois regards se tourner vers moi je sais que ça va être mon tour, je me casse. Je rentre, mais pas par le même chemin que je suis venu. Je prends l'ascenseur, ouvre la porte. Je vois mon père sur le divan en train de dormir (il est d'équipe du matin à l'usine Ford de Blanquefort), ma belle-mère dans la cuisine en train de préparer la bouffe. Il est six heures, la journée est finie, comme d'habitude, toujours la même rengaine. Mon père se réveille, je discute un peu avec lui. Il me demande si j'ai cherché du taf. Je lui réponds que oui, mais que je n'ai pas trouvé. Il rigole, il me dit : « Tu te fous de moi, t'étais encore sur le terrain tout l'après-midi avec tes copains. Réveille-toi, tu as dix-neuf ans, je serai pas toujours derrière toi... » Je le regarde, c'est fini, la conversation stoppe. Alors je suis descendu parce que je voulais pas en entendre plus (dommage seulement pour la bouffe, ça sentait bon mais j'en avais marre), à cette heure-ci le stade il est même pas éclairé ce n'est pas là qu'on se retrouve mais à la station. La station c'est un peu tout à cette heure-là. C'est la route et ceux qui prennent de l'essence, mais dedans tu as à manger pour tous ceux qu'ont pas pu le faire à l'heure, et du vin et des bières, même des journaux et plein de trucs. Heureusement pour le pompiste il y en a quand même qui viennent pour de l'essence mais pas beaucoup. Mes copains je les ai pas retrouvés dans la station mais là où on se retrouve, sur la pelouse avec des arbres quand il fait beau, ou à l'arrêt de bus s'il fait plus froid ou s'il pleut. Là on s'est mis à l'arrêt de bus, mais c'est plutôt parce que là-bas ça vendait et que nous on voulait pas avoir affaire à ces types-là. Il y en avait deux sur le bout du parking, et l'avantage c'est qu'il y a un très haut grillage solide parce que les gars ils avaient voulu séparer la cité de la route et de la station. Les deux ils étaient là au bout du parking, et nous on savait, de l'autre côté du grillage il y avait un petit frère, juste comme ça dans la nuit. Quand un grand avait une touche, il allait voir le petit frère, qui ramassait dans la terre un petit papier d'aluminium replié, on voyait pas, on savait. Après, le grand venait lui redonner l'argent, pareil, au travers du grillage. Le petit frère on le voyait même pas. Seulement quand le grand paraissait dans le lampadaire debout près du grillage, appuyé de dos au grillage, on voyait le petit frère qui arrivait de la nuit, tout petit, presque à hauteur de la main de l'autre, lui mettait quelque chose dans la main ou bien lui prenait ce que le grand donnait. Nous ces mecs-là on les fréquente pas. On sait qui c'est, on les connaît, on les fréquente pas. On était trois, moi et deux potes. On s'emmerdait, on ne faisait rien. Que fumer. J'ai un de mes potes, il voulait des bières, il voulait boire. Moi j'étais le seul à avoir un peu de monnaie sur moi. Avec cet argent, je voulais aller au Mac'Do, j'avais faim, j'avais pas bouffé de la journée. Il m'a tellement pris la tête qu'en fait on est allé chercher les bières. En allant à la station, pour acheter les bières, j'ai encore hésité, je voulais m'acheter un sandwich à l'intérieur, parce que je devais avoir cinquante ou soixante francs et après j'avais plus rien pour manger. J'ai cédé une nouvelle fois, je lui ai acheté son pack de bières, je lui en ai pris deux. En sortant de la station, en montant dans la voiture, j'ai vu une sacoche sur le toit d'une voiture, et il n'y avait personne autour. Le gars il rangeait un truc dans son coffre. Je l'ai prise, on est parti, et dans la sacoche il y avait quatre mille deux cents francs. On est allé au Mac'Do, on a racheté les bières, on a fini la journée comme ça, et finalement j'avais mangé. Moi j'avais envie de m'amuser, je suis revenu vers la station. Il y a cette voiture qui était là, et on s'est mis à causer, c'est drôle comme ça s'est fait, il y avait un gars que je connaissais du temps que j'avais une Mobylette, et je lui avais revendu ma Mobylette. Après je l'avais revu, il avait une moto, mais moi je ne voulais pas de moto. Il m'a vu, il m'a présenté ses deux collègues. Moi j'aurais bien pensé qu'ils se connaissaient tous trois, et de long. Puis lui il a dit que d'ici ce n'était pas loin de chez lui et qu'il allait rentrer à pied. Et moi j'étais devant les deux autres, ils n'avaient pas pris d'essence mais des bières, et comme ils m'ont donné une bière, quand ils m'ont dit tous les deux : « On va à Lacanau, avec la Cosworth, ça roule, ces machins-là... » J'ai dit aux autres gars, à un autre moment mais je m'en souviens bien : « Ford c'est fabriqué à Blanquefort, y a des trucs de ces bagnoles qui viennent de Blanquefort c'est là que mon père il travaille. »

Moi avec le reste de la sacoche j'avais bien envie d'aller à Lacanau aussi alors on est partis. Aujourd'hui je le sais bien, qu'on est là tous les trois et pourquoi.

Au greffe ils ont tout laissé sauf leurs habits. Ils ont eu les trois numéros d'écrou à se suivre, ils ont passé à la fouille puis vu l'assistante sociale qui leur a demandé qui prévenir et on les a séparés, un par pavillon, tout à l'heure, dans la cour, ils se sont revus pour la première fois. Ils se sont approchés, ils n'avaient pas énormément à se dire, sauf que c'est comme ça. Des trois, un seul était déjà venu ici. Il leur a raconté, en gros. Dit que c'est bien quand on a la première visite et le premier mandat, qu'après ça va mieux, on est un peu habitué. Il y a aussi les avocats. Et puis, des trois, un autre a reconnu un de son quartier, ça a vite noué connaissance. Ce qui les a amenés, on n'en parle pas. C'est dehors. Eux aussi tout de suite ils ont repris le mot *affaire* : « On a une affaire ensemble. » C'est rare un truc qui mélange trois collègues de trois endroits différents de la ville, c'est plutôt ça qui a étonné les autres. Ce matin on leur a déjà demandé si ici ils allaient *faire l'école* : ça occupe un peu du temps, ils se sont inscrits à la formation, et demain mardi, treize heures vingt, ils seront pour la première fois devant la feuille blanche, ensemble — cette fois, j'avais distribué des extraits de *Prose du Transsibérien* du Suisse Cendrars, j'avais raconté qui il était et ce qu'il faisait là-bas et ça leur avait bien plu que quelqu'un venu des livres ait pu être payé pour tenir un Browning sur des malles : celui-ci était de chez eux. Et moi j'avais dit : vous êtes en voyage, mais immobile dans le voyage, comme on est immobile dans une voiture ou un train, et les images qui vous restent dans la tête vous découvrez qu'elles aussi sont immobiles, comme une suite d'images fixes, que vous traversez l'une après l'autre. Vous prenez un voyage, quel qu'il soit, qui vous a laissé un souvenir fort, et de ce voyage vous prenez les quatre, cinq, sept images qui restent comme ça, très nettes, immobiles dans la tête, longtemps après le voyage. Et tant pis si les mots adviennent alors dans le bruit ou le tourbillon ou la collision, on les acceptera comme ça, dans la violence même que fait leur pauvreté à la grande langue, si c'est par là qu'elle-même peut apprendre à se reconduire dans les signes d'aujourd'hui, comme lui Blaise Cendrars écrit d'un seul vers : *Les roues vertigineuses les bouches les voix* ou bien *Nous sommes un orage sous le crâne d'un sourd...*

Et le même mot Cosworth (moi je ne savais même pas qu'il s'agissait d'une voiture) dans la nuit de la ville avait ce mardi-là surgi de trois feuilles séparément.

III
CINQUANTE-TROIS FOIS LA FAUTE

Il dit qu'il ne savait pas que l'autre voulait tuer. Que lui il tenait le gars, qu'ils étaient venus à deux mais qu'il ne savait pas que l'autre avait un couteau (mais après, aussitôt après, c'est lui qui avait emmené en dérive celui qui venait de tuer, lui qui conduisait la voiture, et ils ne s'étaient livrés, ensemble, que le lendemain). Après, il ne m'en reparlera plus jamais. Maintenant il est là, chaque semaine, et quelquefois n'écrit pas. Mais comme à l'écart de la violence et de la crasse. Une manière de se tenir, de ne pas être d'ici. Il a écrit aussi, une fois : « Ce lundi dernier a été dur, je n'ai pas dormi de la nuit, je n'arrêtais pas de penser à l'affaire. »

Celui-là dit qu'ils étaient trois et n'avaient pas où dormir et que ce type leur avait dit de le suivre. Est-ce que ça valait le coup de faire deux kilomètres à pied, si ce n'était même pas chauffé ? Le type ne les avait pas prévenus. Mais que c'était marrant parce qu'il y avait *un gros cadenas et dedans rien à braquer* (ajoutant pour un autre du groupe : *près de chez Marcel à Bègles*). Et ça le fait partir d'un gros rire : « Dedans y avait rien. » Juste la crasse sur des planchers noircis et troués, de vagues matelas de récupération, et pourtant ce type qui leur avait proposé de venir là s'héberger. Près de chez Marcel à Bègles, dans la maison protégée par un cadenas où vraiment il n'y avait *rien à braquer,* il restait quand même un narghilé, et lui le lendemain il était parti avec. Mais c'est le *gros cadenas* qui le fait encore rire.

Celui-ci dit que c'est un type qui leur avait loué une caravane dans le fond de son terrain aux Sables d'Olonne et puis leur avait fait visiter sa propre maison. Quelques jours plus tard, partant pour le week-end il leur en avait laissé la clé au cas où : « Dans la maison il y avait un fusil et plein de choses, est-ce qu'on montre ça à des jeunes ? » Lui c'est un gars de Seine Saint-Denis, il conclut : « Ça lui faisait une leçon, ça lui apprenait à ne pas faire confiance, c'était lui rendre service. »

Quand on parle à celui-ci il répond en vous regardant dans les yeux : *fuck.* Mais trois semaines plus tard, ayant avec lui aussi gagné qu'on travaillerait ensemble, il n'avait écrit que trois lignes : « Vivre dans un monde souterrain, vivre en ermite pour être tranquille, pouvoir enfin vivre et pas survivre, être seul et en paix. » Il raconte les caves des immeubles, quand on a froid sur les cartons.

Lui parle très bas parce qu'il n'est pas sûr de la juste prononciation des mots qu'il a appris d'oreille et donc on est devant lui juste séparé par la table de bois jaune et ce n'est pas lui qui met sur le papier les mots un à un dictés. On est là bouche à bouche quasiment pour deviner et il a les épaules basses et mauvaise haleine et quand on entre et qu'on se serre la main il a les mains moites. Il a demandé au surveillant cette semaine qu'on lui porte sa cantine ou ses colis sans que les autres s'en aperçoivent, en fractionnant : sinon ils lui prennent tout, ils *l'obligent.* C'est une histoire de mœurs, il paye. Après, on l'a mis aux cuisines.

Celui-ci raconte l'histoire du camion. Le patron qui l'avait pris en apprentissage de maçonnerie, sachant le foyer et le reste, *j'avais des antécédents,* et lui laissant pourtant la clé du fourgon le midi parce que lui, le patron, rentrait manger chez lui et qu'il faisait froid, qu'il ne voulait pas que l'apprenti reste dehors pour manger son sandwich. Et le premier petit tour de la cour, histoire de démarrer et tourner le volant. Puis se risquant sur la route, *pour voir*, le gros fourgon brinquebalant et puis une voiture en face quand on ne sait pas conduire, prenant donc le trottoir et puis un réverbère. Le choc, laissant tout et parti en courant, resté enfermé chez lui. Quand le patron avait téléphoné, disant : « Ce n'est pas moi », et le répétant absurdement, il avait juste seize ans. Le lendemain le patron était revenu chez lui, lui proposant de s'arranger, simplement il retiendrait sur la fiche de paye la réparation, à petites doses, sur plusieurs mois. Lui s'ancrant dans sa seule réponse absurde *ce n'est pas moi* et maintenant il regrette. Il dit : « Maintenant je le regrette. »

Celui-ci lève soudain le nez de sa feuille et m'appelle, il me demande ça comme un élève en classe : « Monsieur, est-ce qu'on peut dire qu'on n'aime pas les voleurs, si on en est un ? »

Celui-ci, parce qu'il faisait son service militaire et que quand on n'a pas de boulot on s'engage. Qu'alors ils prenaient des volontaires pour cette ville assiégée, si peu loin de la France qu'au même moment le dimanche moi je mangeais chez le cousin d'Istres, pilote de ravitailleur C 135, qui s'envolait le matin pour y être en une heure et demie sur Sarajevo et revenir le soir. Et lui son texte c'était une brève image, deux enfants, un garçon de dix ans et une fille de sept ou à peu près ou l'inverse. Mais au garçon manquait une jambe et à la petite fille une main, et les deux étaient dans la rue, ensemble tous les jours et qu'on entendait les explosions au loin et les tirs tout auprès. Lui, le robuste gars d'Aubervilliers (il en passait régulièrement, à Bordeaux, des gars de là-haut, se disant simplement *Parisiens*, et presque à chaque fois du 93, qui vérifiaient que si moi j'en parlais c'était sans me tromper sur les noms de cités et même les noms de ceux que j'y avais fréquentés dans d'autres expériences) c'était la trouille, la trouille bête et ce qu'il n'avait jamais supposé en lui de peur possible, la peur sans raison puisqu'ils avaient l'uniforme et le casque, qu'ils étaient des centaines là-bas dans la ville assiégée, que la solde on ne la dépensait pas mais les deux enfants maintenant il les avait aussi dans les rêves. J'avais demandé : Parce que musulmans comme toi ? Il n'avait pas su répondre, dans la ville où il avait grandi au bord de Paris il ne s'était jamais posé cette question, même le jeûne ici à la prison il ne le faisait pas, comme d'autres qui au plateau livré à 17 h 30 ne touchaient pas et le gardaient jusqu'au soleil bien plus tard couché. En tout cas demandant son rapatriement, renvoyé à un lieutenant et le lieutenant *disait non* cela amplifié, et la trouille et la haine *j'ai retourné le Famas contre lui*, et maintenant ici pour quoi, je ne saurai pas, cela ne m'intéresse pas, mais la bascule d'où elle venait c'était de cette image de deux gosses.

Il dit qu'il était dans un foyer et qu'il en avait marre, qu'avec un autre ils étaient partis en Belgique et que là-bas la sœur de l'autre avait un garage et qu'au premier dimanche la sœur étant partie ils avaient pris les clés du garage et embarqué deux voitures, et là-bas c'est facile puisque chacun a pour la vie sa plaque d'immatriculation, beaucoup plus facile pour revendre et tant pis pour la sœur, il n'avait pas eu de nouvelles après.

Cinq fois, dix fois, vingt fois le mot *foyer* et l'expression « qu'ils en avaient marre ». Celui-ci dit qu'il avait préféré partir dans les rues, il dit : « J'ai tout plaqué. Quand j'étais dans la rue, je me débrouillais bien, j'étais toujours propre, je ne me laissais pas aller. Je vivais au jour le jour, je ne pouvais pas penser à demain, ni même à mes erreurs. On survit, on ne pense à rien. J'ai essayé de vivre ma vie tout seul, j'ai fait un trait sur tout, j'ai oublié. » Un temps il avait travaillé dans un garage de machines agricoles, avec les réparations sur site, des moissonneuses géantes dans les champs, ça lui avait bien plu (mais le travail finissait avec la saison des moissons).

Celui qui est né dans les Charentes, et lui travaillait sur les manèges d'enfants et dit que c'était bien, et puis aux autos tamponneuses mais que c'était plus dur parce que ça finissait plus tard, jusqu'à trois heures du matin souvent, et cela deux ans mais sans jamais quitter le département, et puis avait tenté dans les mêmes villes avec un copain de vendre sur les marchés des tee shirts *avec dessus Johnny Hallyday et puis des trucs comme ça*. Et l'hiver venu découvre les maisons vides de la grande ville et écrit comme si cela allait de soi, pour commencer un récit : *un jour que j'étais à demander de l'argent rue Sainte-Catherine* (il était, disait-il, à Bordeaux depuis cinq mois).

Il dit, celui-ci : « Toute une nuit, toute la nuit ils rentraient toutes les demi-heures parce que moi et mon petit frère on avait abîmé un de leurs collègues, une nuit d'enfer. » Et une autre fois, parlant de la cité Thiriet de Mérignac contre la cité des Fleurs : « On s'était planqués à soixante, il y en a huit qui sont allés chercher l'embrouille, ils leur sont tombés dessus à quinze alors on est sortis on les a éclatés c'était bien. » Et celui-ci, qui n'en est pas à son premier séjour : « Même que je fais rien, je sors d'une boîte et les *keufs* quand ils me voient c'est : Alors pas encore mort, quand c'est que tu nous débarrasseras le plancher ? Il pourrait y avoir un vélo de piqué c'est moi qu'ils viennent chercher... »

Un jour, à cause d'une réunion c'est le responsable du service socio-éducatif qui m'avait reconduit à la gare, on avait parlé de Brulin et des autres, et de la difficile séparation de la prison et de la ville, quand c'est la même ville qu'on partage, lors qu'eux-mêmes ont pour première tâche de ne pas renoncer à ce qu'ils reprennent chemin dans la ville, et qu'au contraire il faudrait travailler encore plus dans cette liaison du dedans et du dehors. On roulait sur les quais et tout au bout très loin se dessinaient les ombres blanches des immeubles de Bacalan : ils venaient, dit-il, de prendre en charge toute une bande de la cité, parce qu'un type d'un quartier adverse avait été tué et que tous ceux-là étaient venus signer d'un coup de lame la décision collective. Que c'était plus difficile, le travail, quand ils étaient là non pas venus seuls dans ce qui les mettait à l'écart, mais ainsi en bloc et restant en bloc dans la cour et les couloirs. Le responsable du service socio-éducatif, en conduisant phares maintenant allumés dans les rues qui menaient à la gare, disait : « Avoir face à soi quelqu'un qui a mis toute la ville en émoi, et ne tenir compte de rien qui ne soit pas lui-même. On préfère ne rien savoir, quelquefois ce n'est pas possible. » La manière dont cette histoire avait déjà traversé les pages faites dans la petite salle : « Comme là, quartier contre quartier, Bacalan contre Saint-Michel, ils se sont bagarrés entre eux, je ne sais pas pourquoi. Quartier contre quartier, Bacalan contre Saint-Michel. Et cette histoire elle est vraie, c'est un jeune de vingt-trois ans, il s'appelait Khalid, on l'a ramené au Maroc pour l'enterrer là-bas. Je voyais sa femme et son frère qui pleuraient. C'est passé à la télé, et ces jeunes-là ils sont encore ici à la grande maison. Après, il y avait quatre cents personnes qui ont fait la marche, le tour de Gambetta, deux fois, et posé des fleurs à la place où il était mort, et moi j'étais avec eux. » Celui qui faisait les marchés avec de la bimbeloterie et j'avais voulu le faire écrire de ces inventaires, les râpes à fromage et les couteaux Opinel, les essoreuses à salade et les moulinettes à légumes, les pierres à aiguiser et le beau plastique de couleur dans quoi on moulait les passoires ou les égouttoirs, et qui avec son fourgon et son stand connaissait toutes les villes depuis Menton jusqu'à Rennes en suivant la façade des deux mers et le grand couloir d'entre les montagnes où sont Albi, Toulouse et Pau et parce que le commerce n'allait plus (il lui fallait vingt mille francs, disait-il, mais vingt mille francs pour quoi) ajoutant d'autres reventes et qu'un jour il y avait eu du couteau, répétant comme si tout cela n'était qu'une erreur de papier comptable ou de bilan administratif : « Parce qu'il me manquait vingt mille francs. »

Celui qui de Brest voulait prendre le train pour Bordeaux parce que c'est là, dans cette base aérienne un peu plus loin que l'aéroport, qu'il était affecté et que la discipline y était rude (on les faisait coucher dans la forêt, marcher jusqu'à épuisement et sauter en parachute, marcher dans les marais comme si les lois ordinaires déjà, mais légitimement, n'existaient plus), quand il avait vu le train de nuit partir sous ses yeux ç'avait été sa seule réaction : « J'ai pris une voiture et j'ai roulé toute la nuit, sinon j'allais au trou, résultat... » Et ça faisait huit semaines qu'il était là, pourtant rien n'avait changé du vocabulaire, ce seul mot de *prendre*, j'ai pris une voiture comme si rien ne comptait après tout de nos clés et nos papiers, qu'on s'installait là-dedans et qu'on démarrait : « Résultat, huit semaines de taule pour dix minutes de retard. »

Le silencieux, qui n'est pas dans sa ville mais qu'on a envoyé là pour ne pas communiquer avec l'autre mouillé dans la même affaire, leurs versions ne concordent pas. Une histoire que cette fois-là il me raconte à voix basse pour dire qu'il n'a pas la tête aux exercices qu'on propose. L'illusion où il était, à ce moment-là, de pouvoir s'engager dans la Légion étrangère, *qu'on lui fournirait une autre identité* et qu'il recommencerait comme de zéro la vie qui s'était brutalement enlisée. Sûr qu'il était que la semaine prochaine ou la suivante ça y est, il serait sous d'autres cieux et libre d'y rester. Trois mois plus tard dans les couloirs encore, mais obstinément refusant de venir le mardi à l'heure d'écriture, et sur cette histoire non plus, qu'il avait voulu me raconter en détail, sa version à lui de son histoire, on se serrait la main pourtant. Il avait maigri.

Celui qui est debout dans l'entrée de la salle avec aux épaules de longs cheveux blonds et qui demande conseil à l'instituteur, tout en puisant dans la blague de tabac à rouler qui encore une fois passe de main à main, sur un compte compliqué, parce que *quatre affaires* qu'il avait se sont fondues dans une seule peine longue, mais le jugement d'une cinquième vient d'intervenir, juste maintenant, qu'il termine la peine longue : la nouvelle va-t-elle se confondre avec celles qu'il vient d'écluser, ou bien se rajouter ? Il est là encore les deux mois à venir, c'était ça la réponse. Il dit qu'au greffe de la prison ils ont gardé sa machine à tatouer, qu'il emmenait toujours avec lui, une machine artisanale pour encres de plusieurs couleurs, avec aiguille électrique, payée cher, *quatre mille francs et plus*, et qu'en sortant il voudrait s'installer, gagner sa vie avec ça, qu'il aime reproduire des dessins, et la preuve il en a ses pleines feuilles, les feuilles qu'on donne ici pour les exercices scolaires. Et n'avait pas été consigné au greffe qu'il était lui-même, des épaules au poignet, la meilleure démonstration de son art.

Celui qui était venu d'Alger dans un ventilateur de cargo (sortie de climatisation des chambres froides) et comment le courant d'air avait séché leurs vêtements mouillés, l'attente une semaine sur le quai avant de partir et puis, décidant de partir pour l'Italie, avoir confondu les panneaux arrivée et départ, pris un train pour Strasbourg et s'être réveillé à Dole. Cet autre qui était en France depuis cinq mois, arrivé aussi d'Alger par Marseille et qui écrivait les deux langues. Celui-ci encore, Algérois pareil, du quartier d'à côté et qui avait comme repère principal un voyage fait l'été précédent à travers le désert pour une semaine dans les montagnes du Hoggar et la visite de grottes préhistoriques avec des empreintes de mains et des corps nus géants, et pour ces trois-là et deux encore les dates précises des morts dans la rue, des morts dans la famille et la volonté de partir et se hisser sur un bateau ou se débrouiller comme on peut pour finir là sans autre crime : et ce qu'ils écrivaient comme d'abord et toujours le chant d'une ville perdue (celui qui avait une fois auparavant voyagé à Alicante l'avait décrite : *façade blanche sur la mer*).

On parlait cette fois-ci de *maison* et dans le premier groupe il y avait celui qui sur la main nue n'avait juste qu'un léger point bleu de tatouage entre les phalanges à la racine des doigts et qui m'avait répondu : « Mais quand on n'a pas eu de maison, que foyer et foyer et foyer... » Et dans le second groupe une heure après sur le même thème un autre aux longs tatouages descendant de l'épaule en continu jusqu'aux doigts ou sur chaque phalange médiane (celle devant quand on ferme le poing) était tatouée une des quatre lettres du mot *haine* en anglais et qui avait répondu : « Mais quand on a eu treize foyers et cinquante familles d'accueil... » Et le mot *foyer* revenant donc encore une fois comme dépossession, au contraire exactement de sa si vieille histoire.

Et encore sur cette seule idée de maison, celui qui avait raconté sa fugue, sur la route sans savoir où aller et puis finalement il revient simplement à son ancien lycée professionnel, se fait passer pour stagiaire et ça marche, il y vit plusieurs semaines clandestin officiel de la cantine et du dortoir, partant seulement le week-end « pour aller dormir à la gare ». Quand on l'a fichu dehors par quelque zèle enfin de comptage administratif, il est allé « sur un banc à côté d'une grande rivière et c'est le seul endroit où j'ai bien dormi sans me soucier de quoi que ce soit », où est l'engrenage et où ça bascule, à quel moment l'écoute aurait pu tout retenir, et quel délit porterait-on d'avance en soi-même si c'est dans son école qu'on revient pour vivre et qu'elle aussi vous chasse? Et la curiosité où on serait de le savoir heure par heure, ce qui se passe dans une tête quand on est clandestin dans un grand lycée des bords de ville, qu'on réussit à tenir là trois semaines, à manger et dormir et vivre sans que personne s'en aperçoive jamais.

On parle une fois des bruits du quartier quand on est chez soi et qu'on n'a rien à faire, et celui-ci dit : « Le bruit de ceux qui tirent au fusil sur les hirondelles. » *J'écoute les voisins parler, les petits du quartier jouer, les chiens les chats se battre, le gars qui vient pour vendre des légumes, le boucher qui passe. On entend les voitures, c'est plutôt la nuit, l'autoroute : le quartier il est pas loin de l'autoroute. Les engins de cross dans le champ, les avions, les portes et les fenêtres qui claquent, les objets qui tombent par terre, les voisins qui s'amusent à tirer au fusil quand ils voient des hirondelles, un téléphone qui sonne, les musiques dans les voitures et dans les maisons, les coups de marteau, le bruit des bus le matin quand je suis allongé, quand je pense. Je suis allongé, je pense, j'entends ce qu'il y a autour.*

Une autre fois, travaillant sur l'idée : « Je ne supporte pas que… », demandant simplement que cela ne concerne pas leur univers personnel mais ce à quoi ils avaient pu assister, ce dont, dans la ville, ils avaient pu être le témoin, celui qui avait écrit : « Ce qui m'énerve, c'est que, quand j'étais dehors, je n'avais pas de travail. Vous allez à l'ANPE le lundi, vous regardez les annonces, vous revenez le vendredi, toujours les mêmes annonces. Vous allez vers les associations : Non non, c'est impossible. Une autre association : On est complet, qu'est-ce que vous voulez faire? On me propose de travailler au noir, je fais, c'est de l'argent honnête, pas de problème. On ne m'a jamais proposé que des places qui valaient pas le coup. Cueillir les pommes, ou des stages. Et je n'aime pas les glaces au café. Je n'aime pas beaucoup de choses. Je n'aime pas être enfermé. Je n'aime pas *votre* écriture. »

Il dit qu'avec son frère ils étaient en boîte de nuit et que ces types ils avaient cherché des crosses à son frère et qu'il avait fallu se battre et qu'ils avaient battu son frère alors lui quand il était sorti avait vu la voiture des autres et la drôle d'écluse des pronoms grammaticaux, où s'équivalent une voiture et un corps : « J'ai coupé le câble de frein des personnes qui avaient tapé mon frangin. »

Ceux qui ne disent rien et parlent peu et sont là pour délit de mœurs. Mineurs aux mains molles, souvent moites.

Celui qui connaît tellement bien là-bas dans les pins près de la mer où sont les belles villas (on y entre facilement, mais on ne prend que les trousseaux de clés et l'adresse de la maison principale à Bordeaux, tout est fini au matin) et les beaux récits de mer qu'il avait dans les vagues du grand estuaire.

La gare de Bordeaux encore et la manière dont sur douze lignes tous les mots viennent à égalité de signifiant et l'indifférence géographique à égalité de l'indifférence morale (c'était la première fois que je venais, je n'avais pas anticipé sur ce qu'il y avait à dévier dans ce que nous pouvions partager du dire, aller en amont de ce qui les amenait ici) : « Un soir du mois d'août, le 20, j'attendais le train pour Paris en gare de Bordeaux. Je suis allé boire un verre en face de la gare, j'ai rencontré un copain qui m'a demandé d'aller voir avec lui les horaires de train. Alors il prend à l'arraché un billet de train à un Anglais qui attendait son train. L'Anglais est allé porter plainte au commissariat de la gare, qui nous a arrêtés tous les deux. J'ai passé la nuit en garde à vue, et je me suis retrouvé le lendemain après-midi en prison au lieu d'être à Paris. »

Une des si rares fois qu'il m'avait été écrit, le mot *prison*.

Ou bien ce dont témoigne la simple variation de genre d'un article dans l'impossibilité de prendre recul ou distance, la banalisation pour certains d'être ici, comme d'une alternance normale d'avec la rue : « C'était une nuit d'anniversaire, j'étais invité. On a bu, tout ça. J'étais mort saoul. Après, j'ai été m'allonger dans la chambre. J'ai commencé à dormir. Les flics sont arrivés, et moi je me suis échappé. Je ne suis pas resté, parce que la musique était trop forte. Et puis après, je me suis retrouvé en garde à vue et j'ai cassé une chaise sur le flic. Et j'ai passé devant *la* juge. »

Celui qui est dans une voiture avec quatre autres et maintenant sont poursuivis et parce qu'ils fuient, d'autres sirènes arrivent qui font barrage : « les flics ont demandé du renfort ils étaient six voitures de flics » et les voilà encerclés dans la ville « je peux vous assurer que le pilote de la voiture il assurait ». À un des barrages on ne peut plus éviter, il y a un mur et la voiture s'enfonce dans le mur, maintenant c'est cela que chaque nuit ici il voit, disant : « J'ai vu ma mort. »

Celui qui raconte comme si tout cela allait de soi, mais justement cela va de soi et c'est une route tellement banale : « C'est dans la famille, c'est mon frère, on a toujours galéré ensemble, parce que mes parents m'ont abandonné. Mes parents sont divorcés et mon beau-père il me battait, il nous a mis à la porte. Alors on a acheté une caravane, on a vécu deux ans ensemble. J'avais quatorze ans, mon frère était plus âgé. On s'est mis sur un terrain, et après il a fait un braquage d'une poste il est allé en prison, il a fait quatre ans et demi. » Maintenant c'est lui qui est ici. Il a l'appui d'un frère qui a réussi, il est vigile avec chien quelque part à Bordeaux : « Mon frère le plus âgé, jamais il s'est fait attraper, et après il s'est trouvé une femme, il est maître-chien, il a bien réussi. »

Ou bien une autre phrase, du même : « Je prenais des cachets et je faisais le con, j'ai volé. Beaucoup de violence. »

Celui de vingt-trois ans dont on tient à vous signaler qu'il est un *détenu très dangereux* sans rien vous dire d'autre ni la nature même du danger, et c'est simplement un jeune type à phrases très brèves mais l'art qu'il avait de mettre les autres de la salle hors de leurs gonds, tandis que lui semblait alors satisfait du spectacle, et les dix lignes chaque fois que je lui extorquais, mais d'une telle maîtrise qu'elles ne disaient jamais rien qu'un strict miroir de l'exercice (sur cette idée de *maison*, il avait répondu par une *pièce*, la chambre d'un copain, *au-dessus de son garage*, tout le monde entier donc annulé pour un simple intérieur sans liaison, là où on se retranche, indépendamment de toute idée de lieu).

Celui qui écrit : « par rapport au mal qui est au fond de moi ». *Pour ma part il m'arrive d'avoir des coups de folie par rapport au mal qui est au fond de moi, mais il m'est très difficile d'en parler car je ne la contrôle pas.* Et la semaine suivante il restera silencieux au-dessus de sa feuille blanche, finira par y écrire trois lignes qu'il ne voudra pas me montrer, la pliera soigneusement dans sa poche arrière, mais cela fait partie du contrat explicitement renouvelé chaque séance pour les nouveaux qui arrivent.

Celui qui avait appris d'une grand-mère à pêcher dans la Dordogne et prendre les lamproies au cordeau, donnait des recettes de cuisson et expliquait comment pour dépiauter un hérisson on incise la patte arrière et on souffle dedans, quand ça gonfle la peau se décolle et on peut enlever les piquants : le hérisson c'est très bon, ça se trouve sous les pommiers et dans les stades, il les attrapait avec son oncle, il était très fort, parmi ses souvenirs d'enfance *les vieilles voitures on jouait à Starsky et Hutch avec mon cousin* et puis la *ferraille* terminée la vie dans un lotissement de bout de petite ville (gardant quand même la caravane au bout du terrain pour l'été y dormir), disant : « On serait resté à la ferraille peut-être je serais pas ici. »

Et la faute de celui qui racontait, à cause des vagues de Biarritz : « Biarritz j'ai aimé, car il y avait beaucoup de monde, les vagues recouvraient les rochers et je sais que j'étais content d'y être allé. » Ils étaient trois, lui qui racontait, son cousin et l'amie de ce cousin. « Une chose que je me souviens, c'est que je voulais attraper un chat, et à la place de l'attraper je suis tombé sur un rocher tout en roulant comme une boule de bowling. » Puis la fête foraine, ils avaient fait du tir, et c'était dans un parc et il y avait une statue c'était amusant de s'y percher : « Je me souviens, moi et mon cousin, on avait pris une photo. Je ne me souviens pas du nom, mais ce que je me rappelle c'est qu'une personne est passée et nous a dit : Tu es sur les épaules de ton grand-père ? Nous, ça ne nous a pas plu, alors on est descendu et on lui a demandé s'il avait un problème. Il nous a répondu : Allez vous faire foutre… Alors on lui a sauté dessus et puis on l'a frappé. À cause de ça nos vacances ont été gâchées. »

Celui qui raconte comme si c'était drôle et qu'il fallait en sourire : « Une fois j'étais dans la rue, je me fais contrôler par la police. Ils m'arrêtent, ils me fouillent, ils me demandent : Tes papiers. Je leur donne mes papiers, ils regardent, ils me disent : Monte dans la voiture. Ils me ramènent au commissariat, ils me fouillent, ils me mettent à poil, ils trouvent rien, ils me font chier, après ils me disent : C'est une erreur. Ça, ça fout les boules. Ils m'ont gardé deux heures ou trois heures, ils m'ont rendu les papiers, après ils me lâchent, pourquoi : parce que je suis un Arabe. »

Celui qui aimait tant les habits mais se payait ses chaussures de ses sous, ne supportait que les vêtements qu'il disait *de marque*, en fait toujours les trois mêmes, commentant lui-même : « Une manie qui est en train de pourrir ma vie. » Et comme je l'interrogeais sur ce mot de *manie*, sur les moyens qu'on disposait pour surmonter ou continuer : « Si je n'ai pas les moyens de *m'acheter*, je ne peux pas me dire : il faut que tu attendes d'avoir de l'argent pour l'avoir. Une fois que ça me plaît, il me le faut de suite. C'est parce que je n'ai pas les moyens de me l'acheter et que je le veux absolument. Parce que j'aime bien toujours être bien habillé. Déjà, avec mon frère, j'arrêtais pas de voler des habits. Ou je volais des voitures, je les revendais et j'allais m'acheter des habits. Je calcule pas Ça me plaît, si je vois que c'est faisable je le fais. Tu vois un nouveau truc, donc l'ancien il ne te plaît plus. » Et reproduisant le cycle pour des jouets à l'enfant de sa compagne, *on en a une pleine cave*, marchant dans les Toy's O Rus et autres grandes surfaces de l'imagination marchande avec son cutter et sa Super Glue pour changer très vite les codes barres et passer à la caisse automatique. « Des jeux vidéo, voitures à télécommande, c'est pas lui qui me demande, c'est moi qui vois ça, qui pense : ça, ça lui irait super bien, et je lui prends. » Et la discussion qu'il avait bien voulu qu'avec lui-même et l'instituteur à l'accent des montagnes on ait, justement sur l'imagination des enfants et ce qui à l'enfant était le plus précieux, ce qu'on accumule dans la cave parce qu'on ne s'en sert pas ou de la simple présence du père, retenu ici (il savait peu écrire, se débrouillait cependant, mais aimait à nous dicter les lettres à son fils, parce que dites devant nous et pour nous, prétendait-il, il les faisait plus belles, et ça s'écrivait à la vitesse où il le pensait).

Celui qu'on renvoie dans sa cellule parce qu'il oscille et s'endort, il avait eu parloir un peu plus tôt, revenu des cachets plein la raie des fesses, et un gardien derrière lui qui ramasse ça par terre, parce que, dit-il, un autre voit ça, le ramasse et l'avale (il avait ajouté en souriant seulement à demi, le gardien : « C'est pas pour les cachets, c'est que c'est pas bien propre »). Celui qui a les yeux partis de l'héroïne, c'est aussi au parloir que s'est passé l'échange. Et celui qui ne vient plus dans la petite salle parce que dans sa cellule il a cassé le nez de son compagnon pour une histoire de cigarettes mal partagées, puis le mot *racket* à telle autre absence prononcé.

Ou celui qui dit fièrement : « Quatre mois que je suis ici *sans boire rien d'alcool,* vendredi il y en a un qui s'est débrouillé à en faire rentrer c'était la fête. »

Il a moins de vingt ans et il écrit : « J'avais alors à peu près cinq ans. Je suis parti au Codec avec un ami, lui devait avoir à peu près sept ans. On ne parlait pas un mot de français, car on arrivait du Maroc. On a vu des gens remplir des caddies, et on s'est mis à faire comme les autres, on courait dans les rayons du magasin. Tout le monde devait nous regarder, mais on pensait que c'était normal, gratuit. Une fois le caddie rempli de courses, on a fait la queue, *on ne comprenait rien,* pressés de rentrer avec le caddie à la maison. Arrivés devant la caissière, elle a commencé à parler mais nous on faisait seulement des signes de tête pour dire oui, et on s'est retrouvé dehors du magasin *sans rien comprendre.* » Et comment c'est écrit en paix et comme sérénité de lettres régulières et qu'on lui dit que les fautes ça ne compte pas, de ne pas s'occuper des fautes, et cette distance d'avec ce qu'il y a à comprendre et qui ne se donne pas, comment c'est cela qui se répète ou pas, est-ce qu'il saurait le dire, il ne sait pas, on ne saura pas.

Celui qui raconte comme ça l'histoire de Rotterdam parce que leur commerce implique d'être si souvent là-bas en Hollande et d'en revenir : « Un jour, j'étais à Rotterdam. Il faisait beau. J'ai rencontré une femme en train de pleurer. En venant, elle m'a raconté sa terrible histoire, qu'elle avait un problème avec son ex-copain. Je l'ai amenée avec moi dans un endroit pour qu'elle oublie tous ses problèmes. Après, je lui ai demandé quand on va manger ensemble dans un restaurant. Elle a accepté. Ce que je lui ai dit en arrivant, elle m'a raconté que son ex-copain, il la tapait dessus plusieurs fois et qu'il a pris même ses affaires. À cet instant je suis parti pour voir son ex, pour arranger cette affaire et pour qu'il n'y ait aucun problème entre eux. J'ai arrangé l'affaire, et j'ai rendu les affaires à cette dernière, et comme cette femme habite sur Bordeaux, je lui ai acheté le billet pour qu'elle aille voir ses parents. En arrivant, la femme elle m'a téléphoné pour me remercier de ce que j'ai fait pour elle (de gentillesse) alors moi aussi je suis venu voir à Bordeaux et c'est comme ça. »

Celui qui écrit dans l'ordre : « Moi, ma voiture plus ma femme j'avais une belle vie » (*Moi mas voitur + mas femme j'avais une Belle vis*) et qui pourtant est capable d'écrire aussi : « Premier jour au parloir, à la fois j'étais choqué et l'autre humilié devant mon père. »

Et quoi faire, sur le même mot *père*, pour un autre, d'une phrase qui semble soudain amener à notre surface du présent toute l'obscurité souterraine du monde : « Ce que mon père n'a pas su me donner. Il a su prendre la vie de mon frère le plus grand, sans jamais éprouver le moindre sentiment de regret, et dire aux enfants qui lui restaient, en les regardant dans les yeux : Celui qui n'est pas content, il recevra le même sort. » Et cette phrase dont l'instituteur et moi-même devenions dépositaires, la séparer pourtant de tout regard rétrospectif sur le monde et ses histoires, cette obscurité qui fait nos routes, et dont nous n'avons pas à démêler plus que ce qui nous concerne. C'était exactement écrit ainsi : *Celui qui es pas content il recevar le mème sort. Voila comme un vie peu etre gache. Part la suite la drogue la prison. Voila en quelque mots un histoire vraiment.* Et ce par quoi son texte commençait c'était : « Pour moi Bordeaux a été la ville où j'ai grandi avec tant de malheur que de bonheur. La vie est si triste. J'ai connu la *prison.* Depuis des années je passe mon temps en *prison.* Je constate que pour le moment j'ai *plus de passé que d'avenir.* Je voulais être un enfant comme les autres, sans avoir cette *image* du vilain garçon. » Et le texte finissait par cela, comme tout le reste précisément et laborieusement écrit comme plutôt on graverait à la lame sur du bois : « Écrire des choses qui sont cachées en moi depuis des années. Je vous remercie beaucoup d'avoir pris le temps de lire ces quelques lignes. » Et on s'en va gardant cela dans la tête comme une leçon à soi donnée et toute personnelle ou qui vaudrait au contraire pour toute une civilisation vieillissante, mais qu'on n'oserait soi jamais dire d'aussi simple façon : *plus de passé que d'avenir.*

Celui qui dit, et dans une seule phrase l'incroyable disjonction d'un temps égal : « Un jour je suis parti à Paris en galère et j'ai fait connaissance d'une personne très sympathique qui m'a proposé d'aller chez lui pour y passer la nuit et je suis resté chez la personne un an et demi à Paris. »

Et celui qui s'étonne, d'un seul élan sur sa feuille blanche : « Un jour j'étais tellement agressif que j'ai frappé ma femme devant les enfants et je le regrette beaucoup car ça ne se fait pas devant les enfants. Malgré en étant en prison je pense beaucoup à ma petite famille, surtout à mes enfants car je les aime énormément. Car la prison j'espère qu'avec cela j'ai compris ma douleur d'être enfermé. Surtout rester enfermé en cellule c'est la galère… *Un jour j'aitait Telement agressif que Jai frapper Ma femme devant Mes enfants et je le regrete beaucoup car sa se fait pas devant les enfants.* »

Celui qui dit, écrit et répète : « Le lendemain, tout en

me réveillant, j'ai été transporté à l'hôpital et une chose que je n'arrive pas à comprendre c'est que je ne me souvenais plus de rien auparavant. C'est-à-dire ce que j'avais pu faire le soir même. » Et qui termine en écrivant d'une seule ligne ininterrompue : « La vie est mystérieuse comme le temps. »

Cette phrase : « Dehors, la nuit se déchire. » Le texte complet c'était (on parlait de *la route*, à partir de Blaise Cendrars) : « Route qui n'en finit plus de serpenter dans une campagne faite de mystère. Des taches de lumière marquent en pointillé que des hommes reviennent à la vie : des inconnus pour moi. Sentiment d'étrangeté de penser que, traversant des lieux inconnus, on traverse des villages : partout des gens qui vivent, qui aiment, se haïssent. Bref, des gens qui vivent en dehors de moi, des gens qui me survivront. Vers où vais-je ? Dehors, la nuit se déchire. »

Cette manière qu'ils ont tous d'être comme perdus sur la terre : « Aujourd'hui c'est un dimanche et un jour de pluie. Je me retrouve à Bordeaux, à la gare plus exactement. Je regarde la pendule, il est vingt et une heures trente. Alors je décide de rentrer pour me sécher et pour ne pas avoir froid. D'un seul coup d'un seul, les gens me paraissent bizarres. En fait, c'est mon imagination qui se met en route. Je vois des gens qui sont à une table d'un café, son nom clignote dans mes yeux : le TGV, comme le train. Ils sont en train de boire un chocolat. Je regarde un peu plus bas, et là le départ d'un train. Sur un coup de tête je décide de le prendre. Je regarde la pendule qui précède le passage. Il est 22 h 15, le train va partir. Je le prends de justesse, je ne sais pas pour quelle destination mais je me dis tant pis, je n'ai rien à perdre. La douceur de la vitesse m'endort, et lorsque je me réveille je suis toujours dans la gare de Bordeaux. Je regarde de nouveau l'heure, il est 7 h 15 du matin, et là, un peu déçu de ne pas me souvenir, et sans me poser de questions, je décide de rentrer chez moi. » Son train était-il parti (à Toulouse par exemple) puis revenu, ou bien simplement s'était-il endormi dans l'idée d'un départ et c'était un train qui passerait la nuit ici sur le quai ? Il ne sait pas, s'interroge. L'énigme qu'on se pose par rapport à sa propre existence en un lieu et un temps singuliers, nul témoin ne pourra vous en éclairer, soi-même on ne saura pas. Et vingt textes du même genre (celui qui s'en va à Toulouse, mais se réveille à Carcassonne et y descend, celui qui s'en va à Irun caché sous une banquette pour ne pas avoir pris son billet, celui qui de Marseille veut aller en Italie mais confond sur les panneaux arrivée et départ, et se retrouve à Mulhouse, celui qui compare le couchage gare de Rennes et gare du Mans) cette impression du temps qui ne compte pas, du temps qui n'a pas d'avant, et sur la sur-face égale du pays, une durée qui ne surgit que du lieu où on est, lève avec elle et cesse quand on change d'endroit. De pensées qui ne surgissent que parce qu'on est ici, dans ce temps et cet endroit, et qui cessent et sont remplacées par d'autres si le lieu a changé, et le temps s'est déplacé.

Encore cette phrase : « Dehors, la nuit se déchire. » La proposition faite, la semaine suivante, pour tout le groupe, d'un inventaire de tout ce qu'on voyait dans ces mots, même ici de très loin, par la nuit brutalement ouverte (j'avais dit de se servir d'images fixes, comme on parcourrait un train en ouvrant successivement les portes des compartiments dans le couloir, et j'avais parlé du temps, quand on découpait le jour en douze heures égales que les saisons rendaient élastiques, et que le temps de la nuit n'était pas mesurable) et celui qui, prenant à la lettre cette image du train dans lequel on ouvre successivement chaque porte de compartiment et s'y trouvant lui-même, avait écrit d'une traite, et recommencé pour chacun de ses âges jusqu'aux vingt-trois ans d'aujourd'hui (parce

qu'en plus ce jour-là c'était son anniversaire) : « Quatre
cinq ans, le bond prodigieux, la fille du commissaire. Dix
onze ans : La rivière au bord du jardin. Les truites. Douze
ans : Le train. L'odeur de printemps, la fille aux seins nus.
Treize ans : Le long trajet. La permission reprise. Les boutons dorés. Quatorze : La patience (instrument). Quinze
ans : Le remède de cheval. La douleur. L'hôpital, Rennes,
la poupée, punition. Seize ans : Stéphanie. La honte, la
verrue. L'obsession, le strabisme. L'hésitation. Vingt ans :
Le permis de conduire. Le choix, l'honneur. L'erreur
fatale. Vingt-trois ans : Brésil, terre magnifique. La
beauté, odeurs, musique. La variété, l'immensité. Puis
retour. »

Celui qui, signant son texte à la fin, sous son nom
rajoutait en deux lettres majuscules : JE? – l'immense
point d'interrogation enluminé. Et le même qui écrit :
« Ici à part te taper une queue tous les jours ça te fait cinq
minutes de faites. » Et celui qui a les yeux parallèles parce
qu'il revient du parloir et qu'il a eu sa dose et dira la
semaine suivante que vive la défonce, associant ainsi les
deux mots.

Celui qui avait fait tant de foyers lui aussi (c'était tellement presque tous), commencé à quatorze ans la prison
et revenu si souvent. Le dernier printemps qu'il était
sorti, ç'avait été des autoradios et tout ce qu'on récupère
à la roulotte sur la côte un été. En tout, pour dix-huit
mille francs (c'était dans le journal) à trois, pendant deux
mois. Mais les deux autres n'avaient pas de casier, à l'au-
dience ils l'avaient chargé, il en avait pris cette fois pour
six ans. Je ne l'ai jamais revu (il disait : Cette fois c'est
pour du pas grave, je sortirai vite – et voulait même
ouvrir un restaurant ou un bar avec une amie, se fixer
disait-il). Cela c'était il y a neuf ans, à la prison de
Poitiers, la première où j'entrais : ce qu'il est devenu, ce
gars, évidemment je n'en sais rien. Est-ce que quelque

chose aurait changé, apparemment ils étaient tous là pour plus grave (celui à Bordeaux qui s'était introduit dans des bureaux par un Velux, pendu à une corde et ça avait déclenché toutes les alarmes tandis que lui il n'arrivait plus à remonter, c'était aussi dans le journal mais on précisait bien qu'il était resté en *liberté provisoire*).

IV

L'IDÉE DE LA ROUTE

Les autres l'appelaient Ciao parce qu'il avait ce
surnom depuis l'âge des Mobylette et que ça l'avait suivi.
« Seul, loin de tout le monde. Une vie à moi. Bouger,
voyager, faire de la route. »

Comme on ferait des gammes de réel, puisque le
visage est là mais d'un visage comment parler : ils ont le
visage terne. De lui-même, qui avait une fois dicté ce
texte et puis n'avait plus voulu se risquer à l'exercice, préférait laborieusement aligner les signes phonétiques de
textes brefs, de quoi se rappeler sinon d'un écart pupillaire – ce que mesurent les opticiens pour régler les mon-
tures de lunettes, mais celui-ci n'avait pas de lunettes –
plus étroit un peu que la moyenne, et puis une verrue
entre pouce et index cela je m'en souvenais bien. Ciao
m'avait dit :

« Surtout, l'idée de la route.

— C'est quoi, l'idée de la route ?

— C'est ça, faire de la route. Aller jusqu'où ça s'arrête.
Pas la route, pas ce que tu vois, ce que tu fais. Ça mène à
rien ça, ça finit toujours pareil. C'est pour ça que je dis
juste : l'idée de la route. »

Et qu'une fois il était venu les cheveux coupés très ras,
avec une démarcation horizontale au-dessus de la nuque,
mais toujours son écart pupillaire un peu trop étroit et

cette verrue au pouce, et puis à mesure des semaines ça avait repoussé, et la dernière fois affirmant qu'il n'écrirait plus puisqu'il n'avait plus qu'à compter en jours et plus en semaines : il parlait d'un voyage à Paris, et puis d'une villa à Angoulême où on l'accueillerait trois mois, sans autre détail, une sorte d'hébergement accompagné, le chemin surveillé qu'on leur concède pour revenir au monde des autres. Ce que disait Ciao :

« Les rencontres... Pas de rencontres, rien à dire, à raconter. Les rencontres, je n'y arrive pas... Quelque chose en moi qui ne me permet pas de faire de rencontres. »

Ce texte-ci lui l'avait dicté puisqu'à ce que je demandais il restait sur sa feuille blanche, on se voyait pour la première fois et ce qu'il avait dicté c'était encore non pas des mots qui s'accumuleraient pour un texte mais ceux qui auraient dû rester en amont, dire l'obstacle, prétendaient seulement que ça ne valait pas d'être dit et c'est cela pourtant que je notais, disant même qu'un livre aussi peut s'écrire comme ça, sur ce qu'on n'arrive pas à dire ou qu'on ne veut pas dire, accumuler en amont, retenir parce qu'il n'y a pas droit à plus (ces mots sont à lui, que je ne nomme pas, parce qu'aucun nom ne colle sauf celui qu'on porte et qui nous fait) rien ne se fera de ce partage possible et non pas pour un besoin affectif de ce partage mais pour le malaise où il nous met, parce que cette route où on fuit, on la porte aussi en nous et c'est depuis ce malaise nôtre que nous définissons la frontière et qu'eux, qui se trouvent derrière, nous en imposent en retour violence :

« Trois fois, quatre fois. Pour essayer d'aller plus loin, voir ce qui va se passer après. Un jour tu prends telle route et tu t'arrêtes, tu reprends une autre route. Tu es à Bayonne tu veux aller à Paris, tu prends une direction pour aller à Paris, et tu ne reprends jamais la même route, elle t'emmène quand même à Paris mais c'est pas la même route, il a suffi d'un moment où la route n'est pas la même. »

Comme on ferait des gammes de réel il y aurait donc essayer aussi cela pour soi, rouler pour le principe ou l'art de rouler et laisser derrière soi ce qu'on ne veut plus voir mais lui donc, et je ne saurai jamais quoi – cela ne m'intéresse pas, ce n'est pas ça qui compte pour rétablir le partage –, parti sur la route parce qu'il ne faut pas rester, qu'on ne doit pas revenir ni même rester au même endroit, la fin pourtant écrite d'avance :

« Tu pars, tu vis ça, et au bout de huit jours ça s'arrête, tout s'arrête. Ce qui pousse aux voyages je n'en parle pas, parce que ce n'était pas dans l'honnêteté. »

Le recommencement de la prison écrit donc avant même que ce séjour-ci soit fini, et parler des villes qu'on connaît, de ces instants où la route nous éblouit et qu'au-dessus du monde on se croit suspendu, retrouvant peut-être la collectivité des hommes comme quelque chose dont on soit sûr qu'elle soit nôtre, non pas comme Paris vous prend insidieusement en multipliant lentement les cases habitées et les dressant peu à peu en hauteur par-dessus les murs antibruit, mais comme on sort brusquement du tunnel jaune au-dessus de Marseille dans son amphithéâtre coincé par la mer bleue éblouissante et qu'on tombe littéralement dans les maisons par ce viaduc au-dessus du port, traversant la ville au niveau des étages et finalement y plongeant, ce que je lui avais dit, et Ciao avait aussitôt rétorqué :

« Je n'aime pas Marseille. Marseille c'est une ville dont on ne peut pas sortir, on tourne et on tourne, quand on finit par trouver c'est dans la direction qu'on ne veut pas, je ne retournerai pas à Marseille tout est si mal indiqué... »

Et donc ce mardi-là venu en voiture par l'autoroute,

et le sillon des villes n'est pas le même (le train passe par Angoulême, l'autoroute par Niort), le matin passant Poitiers dans les brouillards et les phares devant éclairent comme une tache jaune où on se retrouve avant d'être sûr qu'on va y rouler sans obstacle, on passe les essuie-glaces d'un coup de doigt comme si cela allait dégager ce que devant soi on ne voit pas, et c'est comme s'il est à côté et parle, qu'on l'aurait pris au péage en auto-stop, refermé dans un blouson trop mince et content d'apprendre qu'on pourra le laisser à la grande ville là-bas même si probablement c'est plus loin qu'il va et qu'il lui faudra encore la prendre du nord jusqu'au sud (il dirait : « Oui, vers le pont d'Aquitaine, ça ira, je me débrouillerai, merci », et que la conversation ensuite se limiterait à quelques échanges banals : « Ça va, on se réchauffe… — Il fait meilleur que dehors… »), le gris de l'aube venant non pas traverser le brouillard mais lui donnant maintenant une sorte de luminosité propre où les phares ne servent plus à rien même si on les garde allumés, qu'on avance file de gauche pour ne pas ralentir, une cassette qu'on a mise faisant comme un compte rythmique de la monotonie et le garçon pris en stop au péage bien sûr on ne lui demande pas son nom, on fumerait qu'on lui proposerait une cigarette mais de toute façon à sa manière de poser son sac sur le plancher entre ses pieds lui l'auto-stoppeur ne se sent de rien débiteur, les voitures sont une chose banale et anonyme, un habitacle de fer traîné sur la route. On doit se rabattre un instant sur la file de droite, une voiture rouge basse et rapide à plaque anglaise passe très vite sur la gauche, ses phares éclairant comme une tranche jaune découpée horizontalement dans la brume, et comme la cassette c'est un vieux concert des Rolling Stones (enregistrement dit pirate de leur tournée de 71 au moment des *Trident mixes*) mais de la période qu'on avait seize ou dix-huit ans et que ces

trucs-là on les prenait comme des événements person-
nels, justement comme seuls capables de nous extraire du
bord de la rivière, la Charente qu'on devait traverser à ce
moment-là, j'avais dit à l'auto-stoppeur (parce qu'on
aimerait, dans un livre comme dans ces séquences brèves
de cinéma sur les chanteurs, des superpositions de sil-
houettes fondues et enchaînées qui traversent les univers,
de Ciao face à moi dans les quatre murs de ma salle du
Centre de jeunes détenus, à cet auto-stoppeur sur la route
de Tours à Bordeaux, dont je voyais le profil sur le paysage défilant de la vitre sans qu'il ne me dise rien de lui ni
de quoi que ce soit) : « Un des mecs des Rolling Stones il
a la même, j'ai dit, il habite pas loin d'où je suis, une
baraque où il vient l'été, plusieurs fois je l'ai vu passer,
même bagnole même couleur… » Quand bien même son
château de Fourchette, à Possé-sur-Cisse près d'Amboise,
au chanteur des Stones, c'est mieux qu'une baraque, mais
l'auto-stoppeur de profil semble parfaitement indifférent
à ce qu'on lui dit.

Et moi avec ces phrases de la prison dans la tête, l'immobilité close où on est, et le grand tissu des routes du
monde, ce que lui, qui m'avait dicté son texte, disait en
répétant, comme l'image du clip revient à son germe
pour reprendre en boucle. Ciao je continuais de recopier
ce qu'il me disait de façon presque inaudible (comme
inaudible cette vie dont, sauf la route, je n'aurai rien su et
surtout pas ce qui l'avait amené ici) :

« L'idée de la route, parce que tu ne reprends jamais la
même route, et quand même elle t'emmène pareil à Paris
ou Dunkerque, La Rochelle ou Marseille ce n'est pas la
même route, il a suffi d'un moment où la route n'est pas
la même… »

Et l'autre, l'auto-stoppeur de profil et bouche close, au
blouson refermé jusqu'en haut, sous ses cheveux de rouquin, et sans cesser de fixer la route vide devant nous (sur

ce secteur la nationale 10 a presque partout quatre voies et pas de péage, donc on a peu de camions), au bord défilant des mêmes et éternels champs vides dans la brume, avec l'indication Bordeaux 132 (sortie Saintes) puis Bordeaux 94, enfin Bordeaux 65 et ainsi de suite à rebours, mais des mots comme fragiles et dans le même espacement que ce peu de jour dans la brume, qu'est-ce que j'aurais pu lui dire de cette immobilité-là, il regardait devant lui et n'avait rien à me dire et cela m'avait frappé, le rêve même de Ciao qui aujourd'hui me dicterait :

« C'est comme Paris, on fait le tour et si on se trompe on n'a plus qu'à recommencer c'est pour ça que j'étais parti sur Marseille, j'avais manqué la direction Bordeaux mais là ça descendait aussi et puis les paysages étaient jolis, moi j'ai vu Marseille, c'est un nom que j'aimais bien je me suis dit je vais aller jusqu'à Marseille et de là on verra, en fait je ne suis pas descendu de voiture, des embouteillages et des klaxons, et puis ensuite on ne sait plus où aller, plus de direction et Bordeaux ce n'était jamais marqué non plus finalement j'ai dormi dans une ville c'était à Toulon, sur le siège arrière et quand je me suis réveillé devant moi j'ai vu des bateaux, les grands bateaux gris des militaires… »

Répétant sans doute, au milieu même de ses phrases et dans cette manière lente qu'il avait, les mots qui lui servaient à lui-même d'appui, les mots que ne dirait pas l'auto-stoppeur au blouson, tirant maintenant sur une cigarette :

« Puis ensuite on ne sait plus où aller… »

Ou bien, la conclusion de Ciao aux taches de rousseur avec son écart pupillaire un peu trop étroit et cette verrue au pouce qui devait quand même le gêner :

« Mes galères ça finit toujours pareil. »

Et insistant :

« Ce qui pousse aux voyages je n'en parle pas, parce

que ce n'était pas dans l'honnêteté. Le destin, c'est quand tu commences à faire quelque chose et qu'il t'arrive des choses que l'on n'avait pas pensé à faire. Tu pars, tu vis ça, et au bout de huit jours ça s'arrête, tout s'arrête. »

Et le réel dans la gamme et ce qui s'en échappe aussi à seule condition d'un chant tenu de la langue et ce chant avant on ne connaît pas, on sait vaguement qu'il serait comme cette boule jaune déchirant le gris alors qu'on ne devrait pas rouler si vite et pas sur la file de gauche, ne pas rouler dans la boule grise avant de savoir vraiment qu'il n'y a rien et on ne le fait pas, et quelque chose de fort et de bruit comme cette machine de fer lancée avec la musique dedans qui résonne et le doigt qui commande au balai de caoutchouc raclant sur commande le pare-brise pour l'éclaircir de l'eau, gammes de réel parce que tout cela on en a une intuition de son et de grondement, voire de vitesse, mais que cela ne donne rien plus que ces champs vides et ces fermes closes, la succession de ponts vides ou bien les lumières brèves qui passent d'une sta-tion-service où on ne s'arrête pas, et ces camions dont en doublant on remonte lentement la double remorque, déchiffrant au passage, parce qu'on ne peut pas s'empê-cher, des mots qui ne seront jamais que des noms et sigles d'entreprises de transport, souvent les mêmes, anglaises ou allemandes ou ici parce qu'on va vers Bordeaux les gros Scania remontant d'Espagne (prédilection des Espagnols pour ces gros camions suédois), des mots qui ne donnent même pas d'indication sur le contenu de ce qu'ils transportent, des gammes parce que cela compte et que pourtant on n'aurait rien de soi-même à y mettre, on a beau avoir devant le volant l'habituel carnet et le crayon et pousser un peu trop la vitesse et mettre la cassette un peu trop fort, c'est souvent la tête vide qu'on roule on sent qu'il faudrait fuir, pourtant, au bout, il y a seulement les trois heures à passer là-bas dans la prison, et lui à côté qui continue maintenant de parler alors qu'on ne lui demande rien, que des comme lui, on a l'impression d'en savoir, là-bas au bout dans la petite salle de classe à barreaux, des pareils tant qu'on en veut, et que c'est l'autre, le rouquin silencieux, qui parle à la place de l'autre, Ciao au surnom attrapé pour ses quatorze ans et désormais comme logeant à l'intérieur et l'emmenant avec lui même passé depuis longtemps l'âge des vélomoteurs et pour qui, la route, cela toujours se termine ici à la prison :

« En huit jours tu vis ça, au bout de huit jours tout s'arrête, obligatoirement. Je n'ai pas fait de rencontres, je n'y arrive pas, il y a quelque chose en moi qui ne me permet pas de faire de rencontres. Voyager, je cherche voyager, bouger, m'échapper. Il faut que je m'échappe, seul, loin de tout le monde. Il faut que je conduise et c'est comme une nouvelle vie, une vie à moi. Et chaque fois ça se termine au même endroit. »

On leur dit *soir bleu*, et c'est entrer comme en grand tableau muet de toutes les fureurs du monde, ce sont pourtant ici corps silencieux et morceaux de vie lente, dans la parole seule ces échappées. J'avais proposé de travailler sur la notion seule de départ, *la grand-route par tous les temps* ou bien *assez vu assez connu départ pour l'affection et le bruit neufs* et prendre trente minutes sur l'heure et demie pour parler de la vie de celui-là, c'est ce qu'on avait fait ce jour-là, et donc à lui aussi qui partait en voiture sur la toile du monde comme une bille qu'on y fait rouler selon les plis et les pentes, parler de Rimbaud engagé dans la marine américaine et Rimbaud dans une grange de montagne au matin puis franchissant un col entre la Suisse et l'Italie et le soir d'une méchante auberge écrivant à sa sœur, puis Rimbaud vendant ses fusils d'occasion et ils écoutent encore plus, les dix qu'on a pour l'heure et demie, et Rimbaud à seize ans, et Rimbaud à vingt ans, et on parle encore, assis sur la table, dans le gros bruit des appels du dehors et on leur dit que les mots ça sert à ça, et ce qu'on retrouve en 1924 presque cinquante ans plus tard de choses recopiées sur un cahier et que c'est pour ça que ça compte ce qu'on fait, et puis qu'on leur dit :

« Vous, vos routes... »

Et que lui qui avait écouté ne dit rien, dira peut-être que Charleville-Mézières il voit très bien, Charleville-Mézières il y a un cousin et c'est pour cela au fond que peut-être il m'a pris au sérieux, a considéré comme possiblement réel ce que je raconte à cause du nom d'une ville où il connaît immeubles et cousin (de sa tombe, à Rimbaud, on est entouré d'immeubles ocres et on entend les radios ou la télé des repas, on voit le linge qui sèche aux balcons), mais que sa feuille reste blanche et lui à regarder là-bas à deux mètres la fenêtre à barreaux avec la perspective du double alignement superposé de cellules avec sous le ciel les chaussettes aussi à sécher et les mains et pieds qui dépassent même si ce jour-là il pleut mais c'est comme ça, une notion du dedans et du dehors qui se moque bien des conditions du ciel, qu'on vient alors s'asseoir près de celui-ci, qui vous a dit comme pour affirmer que pour une fois on vous croit, que ce que vous racontez n'est pas comme venu d'un autre monde, et à quoi on condescend de s'appliquer parce que ça fait partie de la vie ici et de ce qui trompe la monotonie des jours, et que lorsqu'on s'assoit face à lui il vous dit, Ciao :

« Je pourrais le faire mais c'est trop, il faudrait combien, des jours... »

Phrase qu'on a si souvent entendue dans de pareilles conditions qu'on laisse faire sans répondre, commençant simplement à prendre en note ce qu'il continue de dire, s'appliquant, soi-même maintenant, à simplement rendre évident qu'on note exactement et au mot à mot ce qu'il veut bien dire, ponctuations et silences compris, et donc que maintenant il ne s'agit pas d'une conversation dont on ferait trace, mais d'un monde créé comme on ferait d'une caméra survolant le monde silencieux et terrible de ce qui est :

« J'étais allé à Calais, parce que le nom me plaisait et puis c'était loin. »

Ou bien au contraire, revenant à cette intériorisation de sa situation et du fait d'être là maintenant :

« De toute façon ça finit toujours pareil, ça finit ici… »

Ou seulement sur cette idée du destin, qui revenait, avec cette variation sur les pronoms qui abîmait la phrase mais ne permettait pas qu'on corrige la dissolution du tu passant de sujet à complément, avant la disparition impersonnelle, comme intériorisée par ce verbe *penser* pris négativement :

« Le destin, c'est quand tu commences à faire quelque chose et qu'il t'arrive des choses que l'on n'avait pas pensé à faire. »

Et comme Rimbaud disait, que j'avais cité pour leur suggérer de parler de leurs propres routes, des endroits où on n'était pas allé ni à pied ni en train, mais pour quoi on avait requis une voiture, et donc un parcours qu'on se construit soi-même, ou dans un groupe choisi, sur la surface du monde, l'expression donc de Rimbaud *désert de bitume* (« Du désert de bitume fuient droit, en déroute avec les nappes de brume échelonnées en bandes affreuses au ciel qui se recourbe… ») et qu'un autre avait pris cela à la lettre, écrivant une équipée en Renault 4 au travers du Sahara vers les grottes peintes du Hoggar, et j'avais aussi cité de Rimbaud ses *personnes doucement malheureuses* pour que la route soit évoquer ce sentiment d'être souple et plier, pour contraindre au mouvement ce qui nous colle et nous fixe au sol trop large et trop grand, qu'on pourrait y être piqué, et qu'on préfère ainsi le sentiment de glisser ou d'aller, et les images alors du ciel parce qu'on le découvre dans le temps élargi du voyage, le ciel qu'on n'aurait pas vu sinon et parce que l'horizon ici est plus grand, ce qui revient de Rimbaud disant : *campagne maigre au ciel sobre*, ou bien plus loin : *le jour mat produit par le ciel, immuablement gris*, et le ciel au-dessus d'ici avec les barreaux, le ciel découpé par les murs et plus loin ces pylônes, minces pyramides grises, hissant horizontalement les câbles anti-hélicoptère sur les cours, et lui donc maintenant parlant, tandis que je continuais de copier y compris, à mesure du noircissement du stylo, les pauses de la voix, lui enjoignant parfois d'attendre que je rattrape, d'un signe de tête indiquant qu'il pouvait reprendre :

« Voyager je cherche, et bouger, et ce qu'on laisse derrière à qui en parler qui comprendrait, vous me dites de parler des images et je ne sais pas les images, il y a eu des ponts et des pluies, et des parkings où on s'arrête et des machines où on met une pièce pour un café imbuvable et la suite de routes bien plus petites où on va au juger d'un village à un autre parce que les noms n'orientent pas mais un reste de soleil ou simplement la taille des rues au carrefour, vous me dites de parler des visages et des voix mais non : je ne parlais à personne, je n'ai pas fait de rencontres, aucune rencontre, au contraire comme la coque de tôle autour de soi refermée pour ne plus entendre ni voir, pour se protéger seulement des menaces du monde quand on a le droit pour un temps, une semaine et le moyen même flou, en tout cas non légitime, de pousser d'une ville à la suivante, et bifurquer ou revenir ou contourner, dormant là sur la banquette arrière, se lavant aux lavabos des stations et guettant, oui encore et toujours guettant et cette fatigue qui vous prend dans le bonheur pourtant du silence conquis, le silence qu'on peut se dire gagné et hors de toute possible rencontre quand on voit de la ville qu'on quitte à celle qu'on rejoint distance tant et qu'on calcule l'équivalent en heures, les lumières oui peut-être à un couchant qui s'allonge et semble sortir du sol ou quand à l'aube et tout raide d'avoir dormir crispé sur un siège arrière on pousse la portière et qu'on s'étire sur un paysage de camions, qu'on met le moteur pour réchauffer l'habitacle et puis que finalement on se remet à rouler aux phares parce que quoi faire d'autre et que le pays est si petit et qu'on ne veut pas du risque de passer les frontières, qu'on butte d'une bande à l'autre du pays, de La Rochelle à Annecy peut-être et puis qu'on sait bien comme tout cela est provisoire, que tout cela devra bien finir et ne le peut que d'une façon une seule... »

C'était, non pas cela qui était, écrivant, la prolongation silencieuse de ce que je recevais, les phrases dans ma tête le temps même qu'il m'en dicte d'autres, celles que je leur remettais la semaine suivante, dactylographiées et mises en page mais sans rien de changé, rectifié ou modifié, mais là, maintenant, le dernier texte qu'il m'ait laissé, cette fois où tout fier il semblait avoir déjà échappé au sort commun (il serait libéré le vendredi suivant). J'avais demandé simplement, parce que ç'allait être les vacances scolaires, que je souhaitais une sorte d'arrêt ou de bilan, sur une grande feuille divisée en neuf cases, de trouver autant d'incises qui soient le rapport qu'ils entretenaient chacun avec ce mot même d'*écrire*, et les livres lus et ce qu'on écrit pour soi, la lettre qu'on déchire plutôt que de l'envoyer et le mot qu'on se fait piquer à l'encre sur la peau. Et les phrases qui s'écrivirent ce jour-là c'était par exemple, d'un autre qui ne tenait pas le crayon parce qu'il ne savait pas mais détachait un à un les mots pour bien marquer qu'il ne parlait pas mais dictait de l'écrit :

« Avant, je ne savais pas écrire, et maintenant j'apprends à écrire. Quand je suis sorti de l'école, je ne savais écrire que mon nom et mon prénom et ma date de naissance. Avant, je ne savais pas écrire. Maintenant, je sais écrire mon nom et des mots que j'écris un peu. Il y a des choses que je ne savais pas, et que maintenant je sais. Ça m'apprend à réfléchir dans ma tête, des choses que j'avais dans ma tête et que je ne pouvais pas dire avant, et ça sort mieux. Maintenant, ça va. »

Et j'avais commenté pour lui, qui parlait si bien de ses heures de pêche au carrelet sur la bouche de mer, des bruits de l'eau et des bateaux, de la renverse des marées et des couleurs du ciel, ma surprise à voir quelqu'un parler ainsi, pour cet état minimum des mots, de ceux qu'habituellement on met sur sa pierre tombale. Mais celui-ci, qui dictait, quand il avait été promu au service des plateaux, n'avait plus bénéficié des exercices de lecture, pour les deux mois qui lui restaient à faire résultat nul. Et parmi ses cases un autre avait dit, de l'écriture donc, telle qu'on la partageait ici :

« Écrire, ça fait quelque chose à l'intérieur de soi. »

Et un autre encore (Christian), avec cette fausse symétrie de quatre monosyllabes en six mots, le un deux un du départ appelant forcément le un un trois de la fin, et tout ce poids d'émotion alors dans l'élan pris :

« Car parfois les mots sont sensibles. »

Et un autre, qui une fois avait parlé d'un hiver devant la mer, dans les caravanes laissées sur place, aisées à fracturer quand on n'a que cela où dormir :

« J'aime plutôt dessiner. Des fois je dessine un œil, après ça m'arrive de faire l'autre. L'œil c'est l'avenir, c'est ce que j'essaye de voir. »

Et Ciao enfin, parce que les livres devant la route ne comptaient pas, avait eu cette image :

« Lire rien que quand on écrit : on lit ce qu'on marque. »

Et donc comme une page tellement blanche qu'aucun mot ne lui préexisterait, tous ceux dont nous avons les épaules chargées et qu'il est si dur à chaque phrase d'ignorer, lire comme on découvrirait, rien d'autre qui ne serait à soi-même personnel, sa tête même comme blanche totalement et les mots venant là comme une découverte imprévisible, le fait même d'écrire alors comme on fait la route, avançant devant soi et changeant à mesure la réalité qui se donne, dans l'objectivité de cette marque, et la liberté aussi de laisser arrière soi ce qu'on ne veut plus, la marque éternellement à refaire parce qu'on a l'œil devant soi sur la route et non plus dans l'accumulation, aucune accumulation aucun reste, lire dans le temps même où se révèle ce qui s'écrit, et le sérieux qu'il avait retournant sa feuille pour que j'en fasse constat, dans le champ pupillaire étroit, et ces phrases des dizaines de fois réentendues comme :

« C'est ça monsieur qu'il fallait dire ? »

Lui un des rares à me tutoyer disant :

« C'est ça que tu voulais… »

Sachant très bien que je ne voulais rien, sauf la question, et que l'écriture justement pourvu qu'ils s'en saisissent vienne imprévue et cabrée et que ce soit cela qu'ils en retiennent, qu'elle est matière résistante et capable dans soi-même de hurler plus fort qu'on le saurait, et pour ce qui est de sa phrase, *lire rien que quand on écrit*, comme si j'avais pu moi vouloir cela autrement qu'en un rêve que je n'aurais même pu imaginer dans la tête encombrée qu'on hérite, les signes mêmes qu'on déchiffre où ils ne sont pas, sur le sable des plages ou les pierres blondes des églises comme ce livre qui nous préexisterait et dont nous sommes toujours en quête, ce qu'on lit de soi-même à mesure que sur une feuille on avance, ou le rêve d'écrire dans une tête sans livre : *lire rien que quand on écrit*. Il y avait ce qui emmenait encore une fois dans la rupture, et faisait qu'on montait dans une voiture et qu'on partait pour ne plus s'arrêter qu'aux frontières, comme aux bords de bois d'une table de billard les boules lisses rebondissent, la capacité qu'ils avaient presque tous de savoir la frontière, ce qu'on peut dire à un autre et ce qu'on garde pour soi :

« Ce qui pousse aux voyages je n'en parle pas, parce que c'était pas dans l'honnêteté. »

Poursuivre juste un éblouissement, danser sur. Et que celui-ci le savait, peut-être : j'avais tenté de lui demander qu'est-ce que c'est, ce qui *pousse*. Comment ça marche, dans soi-même, ce qui *pousse*.

« Tu vois, l'idée de la route. »

Et moi cette voix je m'en souvenais, et de la verrue.

« Quelque chose en moi qui ne me permet pas de faire de rencontres, je n'ai jamais fait de rencontres. »

Arrivant à Bordeaux j'avais pris par la rocade sud, et après le nouveau pont près de la gare, c'est là que j'avais laissé l'auto-stoppeur, lui indiquant les vitres fumées du bâtiment moderne qui servait de Conservatoire de Musique, lui disant que la gare c'était pas très loin der-rière. Il avait remercié quand même d'un geste vague de la main quand j'ai rembrayé pour repartir.

Au revoir Ciao, il n'y a pas de rencontre.

V

SOLITUDE DES ERRANTS

« La pluie battante un samedi soir, le pouce tendu, les traits tirés, sortie de Cholet. »

C'est dans ce paysage ouvert d'une ville moyenne dans l'Ouest, de ces villes qui ont grandi autour de trois usines et héritent maintenant de leur désaffection, bâtiments blancs en perpendiculaire au bord d'une route à ronds-points qui en fait le tour, trois supermarchés et une rue piétonne au centre. Il pleut, le garçon est de la ville même et il la quitte, il l'a fait cent fois mais c'est de ce jour-ci qu'il parle, parce qu'il n'est pas seul mais qu'ils sont trois, lui, une fille et un chien, et lorsqu'au bout de plusieurs heures une voiture de plus passe sous la pluie et ne s'arrête pas prendre les trois êtres trempés, ce n'est pas de toutes les autres voitures qu'il parle, mais d'une chanson à l'autoradio, assez forte pour qu'ils l'aient entendue, un refrain bête et l'indifférence de celui qui conduisait. Dans les dix lignes ramassées, l'image du chien qui se serre dans les jambes de la fille, comme si soi-même on ne comptait pas mais que soudain c'était trop qui se rassemblait dans un seul instant, une seule image.

« La pluie battante un samedi soir, le pouce tendu, les traits tirés, sortie de Cholet. La terre plein les rangeos, les flaques marron sombre accumulées au bord de la route. L'idole recroquevillée, cheveux collés aux tempes, et

Chaman qui s'appuie contre de tout son poids, cherche la chaleur, cherche l'abri. Frédéric François dans les oreilles : Je t'aime, les sixties... C'est à peine s'il a un regard pour nous. À cet instant précis je vendrais mon âme pour elle et lui, tellement je les aime. »

On est mardi 18 mars 1997, dans la salle de spectacle de la prison, et celui-ci, qui a écrit la suite des trois textes, est devant moi sur les bancs parmi trente-cinq autres. Je suis devant eux sur la droite, et Toeplitz avec sa guitare basse sur l'arrière un peu de côté, près de l'ampli Marshall loué le matin même centre ville. Il a un tube de métal qui rebondit sur les cordes qu'il frotte, et laisse se dérouler une sorte de spirale descendante amorcée depuis haut dans les aigus et qu'on dirait, par des microchromatismes, ne jamais devoir cesser, avec simplement quelque chose de lentement ascendant, sans menace. J'ai préféré me passer de micro, garder la proximité de voix qui est celle de la lecture juste après avoir écrit. Parfois la basse me recouvre, ce n'est pas grave. Je lis :

« Je suis perdu dans cette ville, seul au monde. Qui suis-je, où suis-je ? Je suis la voiture, tandis que la grille se referme derrière. Dans la pénombre, je me cache. Les pas sourds, puis la porte qui se ferme. La Roche-sur-Yon. »

Pinkfloyd (le surnom du grand au chignon, ou bien, quand il le défaisait, une mèche asymétrique qui lui rongeait le visage, et juste un élastique pour retenir derrière la bouffée de cheveux), quand il avait annoncé sa sortie, je lui avais serré la main et souhaité bonne chance. Il y avait eu les vacances de Noël, et au retour il était lui aussi déjà revenu, mais cette fois comme sur lui-même clos et hostile, le même grand corps et le chignon rafraîchi mais les yeux qui se détournent – faire l'idiot pour fêter sa sortie, retrouver la poussée d'adrénaline (c'est ses mots à lui) –, et le premier texte qu'il m'avait donné, que maintenant je lis, avec des trous entre les phrases, comme de laisser la Fender basse à cinq cordes recouvrir les mots à égalité, tandis que lui, là-bas sur le banc, qui a écrit ce texte, est comme absent, presque indifférent :

« On est tombé sur cette voiture ouverte dans cet énorme parking. Pas besoin de la fracturer. Quel bien, de se sentir à l'abri, les portes verrouillées. On est bien. Mon chien derrière. Ça sentait le neuf. On s'est installé, et Seb roulait un joint pendant que je faisais quelques notes sur la guitare. Froid dehors, et deux dedans. Frères de sang pour la vie, Opinel dans la main. »

Il y a eu une information distribuée dans les cellules, comme quoi cet après-midi du 18 mars 1997 ils pourraient venir écouter dans la salle de spectacle lecture des textes produits dans l'atelier d'écriture, ce n'est pas pour autant que tous ceux qui ont écrit sont venus (Laurent et Sébastien, par exemple, exclus du dispositif scolaire et par ricochet de l'atelier d'écriture malgré ma demande écrite de les garder, ou bien Jean-Claude, affecté maintenant aux cuisines et paraît-il c'est trop compliqué de le laisser s'échapper pour une heure d'écriture). Toeplitz est assis d'aplomb sur son amplificateur, le pied droit sur le pédalier d'effets, et passe un archet de contrebasse sur les cordes, alternant un son filé suraigu et l'harmonique de la corde grave, qui se superposent.

Christian est là aussi, avec Sefia, au second rang. Son texte parle de ce quartier Bacalan, à Bordeaux au bout des quais, dans ce qu'ils disaient cité Lumineuse, qui n'existe plus maintenant (elles périssent vite, les idées d'architecte assignant leur vie aux hommes). Lui, Christian (le même qui avait un jour écrit : *car parfois les mots sont sensibles*) monte chaque jour voir son frère et souvent donc croise cette fille à qui jamais il n'a parlé, parce qu'il n'aurait pas osé *je me suis demandé qu'est-ce que je pourrais lui dire, dans le coup je suis reparti sans lui adresser la parole*, et puis un jour ils sont dans l'ascenseur ensemble et il aurait voulu mais, dit-il, *l'ascenseur s'est arrêté avant*. Puis la vie vous sépare, on ne monte plus voir son frère ou bien il habite ailleurs ou bien elle, *nous nous sommes perdus de vue car elle avait déménagé*, et puis une autre fois, sortant de prison dit-il, *une fois que j'étais sorti de prison*, dans le bus qui rejoignait le centre ville à la cité *le bus pour aller au Grand Parc* il l'avait revue et regardée, ils ne s'étaient pas parlé mais en descendant, et donc alors que c'était trop tard, elle lui avait souri disait-il mais il n'était pas sûr, elle l'avait donc reconnu pensait-il mais sans savoir si oui, et depuis chaque fois que dans le double bus à soufflet il refaisait le voyage de la cité c'est son visage qu'il cherchait, à elle à qui il n'avait donc jamais parlé, jamais osé, la cherchait mais ne l'avait pas revue, qu'elle *n'était plus sur la cité* ça il en était sûr mais la ville est si grande. Le texte de Christian, tel que je le lis :

« Un jour, je rendais visite à mon frère qui habitait dans un immeuble de mon quartier, Bacalan. J'allais le voir pratiquement tous les soirs. Il y avait une fille, je ne la connaissais pas. Mais à force d'aller chez mon frère, nous sommes montés ensemble dans l'ascenseur. Je me suis demandé qu'est-ce que je pourrais lui dire. Dans le coup, je suis reparti sans lui adresser la parole. Nous nous sommes perdus de vue car elle avait déménagé, et plus tard je la revois. Je ne lui ai rien dit encore une fois. Elle est descendue du bus et elle m'a fait un signe de la main qui me faisait comprendre au revoir. Suite de cela, le lendemain matin, je me réveillai, et prenant le bus pour aller au Grand Parc pour savoir si je pourrais la revoir... malheureusement je ne l'ai jamais revue. De plus, ça ne faisait pas la première fois que je prenais le bus avec elle, mais pourquoi je ne lui ai pas parlé? Peut-être c'est parce que je suis timide. Enfin tout ce que je sais, c'est que je ne l'oublierai jamais. »

Caméra. On a franchi le portail vert marqué « personnel de service uniquement ». On longe le mur d'enceinte de ce qu'ils disent la grande maison. Ici, à gauche, il y a ce préfabriqué à porte vitrée toujours ouverte, et dedans des bancs vissés au mur sur le pourtour, pour les familles qui viennent en visite, si elles doivent attendre. Il y a toujours des gens sur les bancs, moi je n'arrête pas.

Sur un son plus rauque et secoué, le bassiste est venu devant, s'est interposé entre moi et eux pour jouer seul. Il cesse d'un coup (d'un coup réel du médiator en cluster sur l'intervalle entre le sillet haut du manche et les clés), je dis :

« Parfois la vie est mystérieuse. »

Avec un aimant qu'il promène juste au-dessus des cordes, il produit, comme de l'intérieur décomposé d'un accord, des sons filés très lent, qu'il ponctue de coups graves assénés de la paume sur le corps même de la planche de bois laqué rouge de sa basse. Je lis :

« Toutes les villes seraient construites immergées sous les mers et sur les terres la nature aurait pris le dessus, les terres seraient pour les animaux. »

J'avais commencé comme cela, sur la ville, comme partir de l'image qu'elles ont en nous-mêmes avant de venir à celle-ci, qu'on pouvait imaginer, bien réelle, tout autour, la nôtre. Puis (insistant sur le mot *renfoncement*, puis sur l'adjectif *somptueux* comme je souligne aussi la répétition *parking*) :

« Je vis dans un parking souterrain en face de la gare au quatrième sous-sol. Je descends les escaliers qui me mènent au quatrième. Sur ma droite, en dessous de l'escalier, il y a un renfoncement où je dors. Il y a mon sac à dos et ceux de ma copine, c'est vraiment petit. L'hygiène reste à désirer. Il y a des seringues par terre, des bouteilles d'alcool vides, des boîtes de Stéribox, des bouteilles d'eau stérilisée, les boîtes d'Orténal et de Subutex. Quand je passe la porte qui se trouve face à moi, j'arrive dans le grand parking. Il y a des couvertures, des sacs à dos qui appartiennent aux autres SDF et leurs chiens. L'endroit n'est pas trop somptueux car c'est hyper crade mais bon, on est entre potes comme une vraie famille et c'est l'essentiel pour moi et c'est ça qui est cool. »

Et immédiatement :

« L'endroit dont je me souviens et que je n'oublierai pas c'est mon enfance à Bordeaux 118 rue Lecoq. Je me souviens des vieilles peluches, vieux murs, vieil ameublement. Il n'y avait pas de salle de bains, mes frères et moi n'avions pas de chambre, nous dormions tous ensemble et c'était un T1 bis, mais c'était à cet endroit que je m'amusais. C'est pour ça, qu'en quittant cet endroit il y a eu une séparation et la mésentente entre moi et mes frères. Une nouvelle vie et un nouveau monde en habitant dans une cité. C'était regrettable. »

Puis Bordeaux encore :

« J'ai dormi dans une voiture (une Rover), celle d'un copain où nous dormions à trois dans un parking souterrain. Heureusement qu'il y avait à côté la réserve du Carrefour où nous allions chercher trois à quatre packs de bières Kronenbourg, ça nous aidait à nous endormir après avoir bu ces packs. Par contre au réveil il fallait partir pour ne pas se faire voir, et nous partions du centre commercial. Quand nous étions dans la voiture nous allions dormir avec tous les autres, huit à dix personnes, dans le centre commercial juste à côté du Flunch après avoir zoné toute la nuit dans le quartier. Là par contre le matin les employés nous réveillaient avec leur machine et nous étions obligés de partir. Des fois nous partions à l'hôtel au Formule 1 et là c'était vraiment le pied, tout le confort, douche et télé. Nous nous retrouvions tous dans cette petite chambre c'était la zone. Par contre le matin il fallait partir avant dix heures à cause de la femme de ménage pour qu'elle ne voie pas tout ce monde. Mon meilleur souvenir c'est les caves car on se sentait vraiment chez nous et formions une vraie communauté tous ensemble. »

Le mot *maison* n'est pas le leur, c'est moi qui avais proposé un jour qu'on travaille sur ce seul mot, *maison*, une ou cinquante, une maison séparée du temps, où on promènerait une caméra comme dans un film, sans que personne ne s'aperçoive de notre présence, nous filmant (et celui qui avait dit : « Quand on n'en a jamais eu, de maison, monsieur, qu'est-ce qu'on écrit? ») :

« Pour moi, une maison qui m'a marqué et qui me marque encore, c'est plutôt une pièce. C'est chez mon meilleur pote, une pièce qui se situe au-dessus de son garage. J'y ai dormi un paquet de fois. On y fait la fête sans arrêt. On y joue aux cartes, il y a de la musique. Et le principal, on est entre copains et copines. Cet endroit se trouve à cinq minutes de chez moi, c'est où je passe mon temps. Enfin bref, c'est mon endroit préféré... »

Puis encore la ville (et c'est la même, celle que d'ici on n'entend pas et qu'on ne voit pas, mais la même ville dont ils parlent qui tout entière tient dans le mot *dehors*, ou bien quand ils me disent : « Vous, monsieur, vous avez votre voiture dehors? »). Je lis :

« Je suis dehors. Une rue étroite, là d'où les gens arrivent. Pas de visage commun. Je suis à Saint-Pierre, Bordeaux. Je coupe la place de l'église, je rencontre une rue, je croise des gens à pied qui me demandent où je vais. Je leur dis : Plus loin. Ils me répondent que je n'en ai pas pour longtemps. »

La ville tout simplement qui est comme le large poumon d'ici, d'où on surgit et dans laquelle on repart se fondre :

« La ville idéale je ne la connais pas. Je ne l'imagine pas. Depuis ma jeunesse je vis dans la ville avec ses tours, ses feux rouges et ses klaxons, ses personnes de toutes nationalités et de toutes religions. Pour moi ça serait mentir de dire que je peux faire une ville idéale, même en imagination je ne peux pas. Peut-être est-ce que la ville idéale c'est celle d'aujourd'hui, avec moins de haine et de violence. »

Caméra. Juste en avant de la porte à rideau de fer de la grande maison, qui ne s'ouvre que pour les cars bleu nuit, une guérite vitrée sombre en hexagone. Je la dépasse aussi. C'est comme une rue droite, avec des véhicules garés en épi. Le mur à droite, plus bas, celui du Centre de jeunes détenus, est opaque et sans ouverture.

La basse cesse brusquement, et quand elle reprend c'est sur une suite de sons joués en arpèges qui escaladent le manche comme mus d'une rage saccadée, comme de tout resserrer ou accélérer jusqu'à une sorte d'explosion saturée et violente, dans un mouvement de projection mordante : les mots que j'ai sur la page dans mes mains je ne sais pas les dire, ils ne sont pas miens, il me faut presque les aboyer et on a perdu l'habitude que la langue signifiante, la langue qui n'est pas d'insulte ou de haine, puisse garder aussi dans son registre cette rage à quoi eux ils forcent. Et sous l'assurance apparente des mots, cette réserve de significations complètement autres, nous déniant à nous-mêmes, qui les recevons, tout droit de penser que les mots s'arrêtent à ce que nous en comprenons (et je reprends pour me lancer des bouts de phrase déjà dits, des choses déjà retenues par cœur) : « Je suis perdu dans cette ville, seul au monde. Qui suis-je, où suis-je ? Je suis la voiture, tandis que la grille se referme derrière. Dans la pénombre, je me cache. Les pas sourds, puis la porte qui se ferme. » Et puis : « À Drogua, toutes les drogues imaginables sont gratuites, il vous suffit de rentrer dans de grands immeubles et choisir l'étage. Premier : pharmaceutique, deuxième : shit, troisième :

herbe, quatrième : dure, cinquième étage pour les cok-tails, et même un sixième étage pour les pompes, les aiguilles, de l'eau stérile, du coton, de l'alcool et des petits manuels. Tout le monde est défoncé, le travail n'existe plus, les flics n'existent plus, les prisons n'existent plus et tous les panneaux publicitaires sont marqués : Vive la défonce. Moi je dis, moi je crie : Tu crois que c'est le bon chemin, petit? »

Caméra. Il y a à gauche, entouré de grillages rectan-gulaires, un bâtiment comme une boîte d'allumettes un peu trop grosse, posée là dans le milieu des grillages, avec des fenêtres elles aussi grillagées. Il y a un an encore, on mettait là ceux qui préféraient, pour raisons religieuses, la prison au service militaire. Depuis quelques mois, c'est pour ceux qui terminent leur peine, qu'on réacclimate au dehors. On entend des radios mises fort, et aux fenêtres pendent des serviettes de couleur. Ceux-ci coupent l'herbe, ou servent à la cantine du personnel pénitentiaire. Juste en face, c'est le grand portail vert à barreaux du Centre de jeunes détenus. On a mis un arrêt de bus déclassé et vitré pour ceux qui attendent, les familles. À côté du portail principal, mais avec les mêmes barreaux de fer rectangulaires, une porte piéton. On donne aupa-ravant sa carte d'identité sous l'hygiaphone orange épais, presque opaque, à la silhouette en casquette.

Quand le silence un instant succède à l'électricité, la basse finissant exactement avec les mots, j'annonce : « C'est un rêve. Ça s'appelle *le rêve des animaux.* »

Ça en fait rire quelques-uns, de ceux qui ne sont pas venus à l'atelier mais sont venus là pour entendre (même en début de séance, quand j'avais annoncé qu'on tra-vaillerait sur le rêve, ils avaient ri, ça avait accroché quand je leur avais proposé des exercices, dit qu'on pouvait se retourner dans son rêve, l'arrêter et regarder sur le côté, et proposé aussi d'être attentif à trouver leurs mains et les voir, enfin quand j'avais prétendu que sur un groupe de quinze forcément il y en aurait un qui se voyait lui-même fréquemment dans ses rêves, mais que sans doute, pour quinze, ils ne seraient qu'un ou deux à y parvenir). Sefia, l'auteur du *rêve des animaux*, ne rit pas, il sait que c'est son texte, que c'est lui qui a donné ce titre à son rêve. Je lis :

« J'ai rêvé des mecs qui viennent pour me tuer avec le couteau. »

C'est au mot *couteau* que le silence advient, et la basse y rebondit, par une suite de sons presque acoustiques, très souples, les mots alors détachés à blanc sur une même surface monochrome, aucune accentuation et chaque syllabe équivalente, la ponctuation du texte original ne marquant que les pauses et silences, le mot après venant contrer la syntaxe comme si lui seul valait phrase :

« Après, moi je cours doucement, et les mecs fort. Je ressens l'angoisse. Je respire comme les asthmatiques. Après je me réveille et je dis : Impec, je suis dans ma maison. Après, je sors du jardin et je trouve les animaux. Ils viennent à la maison, ils mangent toute la famille. J'ai cherché un flingue de mon père pour tirer sur les animaux. Je tire, ils ne meurent pas. Après, ils viennent directement sur moi. Après, je suis coincé dans un coin. Je dis à mon frère de faire le coup de main avec moi, parce que je suis coincé. Mais mon frère m'a dit : Non, je ne bouge pas. Et moi qu'est-ce que j'ai pensé ? Mon frère, il est avec les animaux. Après, les animaux ils se tournent, ils regardent mon frère et mon frère rigole. Et après moi j'ai tiré sur mon frère, après mon frère il est mort, il est sorti un animal du cœur. Après je me suis réveillé, et je transpirais partout. »

Puis je dis : « Maintenant un rêve qui marche dans la ville. »

Au fond, sur les bancs, derrière les trente-cinq, certains

venus sans manches, avec leurs tatouages aux épaules, et un autre au contraire, ici dans la température égale et le fond d'odeur de Javel, gardant deux pulls superposés, sur un rang, les casquettes de gardiens qui écoutent (un, je me souviens, debout les mains croisées dans le dos très près d'un autre lui assis avec une main sous le menton, les deux immobiles).

« Un rêve me revient souvent : je suis dans une sorte de cité médiévale tout en pierre. Les murs, les pavés. Apparemment c'est le soir, tout est sombre autour de moi, juste un léger éclairage. Je marche dans ces petites ruelles, et devant moi apparaissent deux filles qui me sourient, elles ne parlent pas, elles sourient simplement et m'invitent à les suivre. Je sais au fond de moi que je prends un risque, mais c'est plus fort que moi, il faut que j'y aille. On marche à travers les rues, je suis à deux mètres derrière, elles tournent sur leur gauche dans une impasse en pente qui mène à une énorme porte en bois et là elles disparaissent. La porte s'ouvre devant moi et se referme aussitôt derrière moi. Je me retrouve dans une sorte de cave éclairée au plafond d'une seule ampoule qui pend. Au fond à gauche une femme boit à un lavabo et au milieu de la salle se trouve un homme d'une taille impressionnante, chauve et terriblement effrayant. Il tient dans ses mains une batte de base-ball, je le supplie de ne pas me toucher, mais il sourit et me jette contre un mur. J'ai l'impression de ressentir la douleur et c'est à ce moment que je me réveille. Pourquoi est-ce qu'un rêve revient tout le temps ? »

Caméra. Sur la droite, la guérite aux vitres renforcées et teintées des gardiens, avec les commandes à distance sur un haut pupitre, des téléphones et des interphones. En général, ils sont deux. Il y a le portique genre aviation, et sur la droite, entre le portique et la guérite, une tablette où on pose tout ce qu'on a de métal. J'y mets mon cartable aussi, quelquefois il me faut l'ouvrir. On entre immédiatement sur ce carrelage jaune qui se poursuit ensuite dans tous les couloirs, les escaliers et l'étage. Cette pièce est un hexagone non régulier. À droite le guichet de la guérite où on vous donne le passe, après le bureau du gardien-chef et de son adjoint, avec le grand planning à fiches. Ensuite, un petit couloir donnant au fond sur des toilettes et à droite la salle de réunion et deux autres bureaux, dont celui du service socio-éducatif. Par terre, au débouché du couloir, les sacs plastiques (en général, les sacs vendus par les Leclerc, destinés à un emploi répété, mais qui donnent à la prison l'allure d'une succursale de la chaîne d'hypermarchés). Et, sur la gauche, la porte télécommandée par où on entre dans le secteur pénitentiaire. On se présente devant, et depuis la guérite on vous ouvre. Pour faire accélérer, tous ceux d'ici tapent sur le Plexiglas avec leurs clés, et c'est tout écaillé ou opaque. Au bout de quelques semaines, on est surpris soi-même du changement des réflexes : on n'ouvre plus une porte, on se met devant elle et on attend qu'elle s'ouvre. Derrière, une salle vitrée, avec une table et des chaises, où je n'ai jamais vu personne le mardi après-midi, et un escalier. En haut de l'escalier, une table plus longue, avec la balance fruste où on pèse les sacs Leclerc avant de les vider pour la fouille, et les parloirs. Aussi, une salle de classe avec une photocopieuse. Deux couloirs : celui de gauche longe la cuisine. De l'autre côté, c'est vitré, mais séparé de la promenade par un grillage assez loin. En face la porte de la cuisine, les chariots retour du ramassage, avec les restes, et, au bout, la porte du pavillon quatre (le cinq et le six suivent). Le couloir de droite donne sur la salle de spectacle, où on est ce mardi 18 mars, et plus loin les trois autres pavillons.

Lire sur l'accompagnement de la basse, c'est comme de marcher dans un son en relief, se déplacer dans la hauteur ou l'espace du volume de son, glisser les mots là où le volume électrique du Marshall soutient et n'écrase pas, quand à chaque instant il le pourrait pourtant, et que les mots ne survivent dans le bruit du monde que si nous faisons cet effort volontaire d'aller entendre leur fragilité. Je lis :

« C'était il n'y a pas longtemps, tu t'en souviens encore j'espère. On s'y est préparé à la tombée de la nuit. Après une mauvaise nouvelle arrivée à la cité, on a pris la décision de tout retourner. Armé de deux gros pavés, je les ai jetés dans le magasin, où une voiture brûlait à vive flamme. Pourtant, au départ de l'action on était une vingtaine, à l'arrivée on n'est plus que trois derrière les barreaux. »

J'ai choisi une suite de textes brefs, à contenu poétique ramassé (ceux-là, parfois, je ne les ai vus qu'une seule fois, ils ont écrit ça et ne sont pas revenus), comme :

« Solitude. Galère d'un soir. Pas d'amour à donner ni recevoir. Une grande solitude. Un désespoir de la vie. Dégoût de toutes choses. »

Ou cette suite de lieux où dormir, comme entière si lourde charge de vie sans rien céder de l'univers intime :

« La haine, le dégoût, la vengeance. J'ai passé une nuit dehors. J'ai dormi. Une nuit froide. C'était l'hiver. Une nuit courte. Le bonheur, l'affection, la joie. Douche, télévision, lit. Porte numérotée. Parce que c'est quelque chose que je n'ai jamais connu et quelque chose qu'il me fallait, pour qu'en ce moment je sois là. Voiture. Nul autre moyen pour cette nuit. La fête. C'est que c'était dur pour trouver un moyen où aller. J'ai essayé de me remonter. Matin. Très dur. Je pense beaucoup de choses. »

Et je répète en coda : « Je pense beaucoup de choses », sur des séquences rythmiques mais sans jamais de cadence fixe, les syllabes ne venant exactement corres-

pondre qu'au battement percuté de sons comme ambu-
latoires, d'abord lents, puis progressivement accélérant :

« Souvent on se demande pourquoi certaines choses
qui entraînent la douleur nous arrivent, on trouve ça
injuste parfois mais la vie est comme ça, il faut utiliser ces
moments pour mieux remonter la douleur, car la vie
nous teste avec de nombreux combats douloureux aux-
quels nous sommes affrontés, on ne gagne pas toujours,
on ne les comprend parfois pas mais on les affronte. La
tristesse (douleur) c'est des moments qui passent souvent
par rapport à l'expérience quand on sait comment les
affronter, car on doit se servir de ces moments pour
mieux les affronter. Quand on est dans la douleur on est
en bas, il faut la connaître et savoir la prendre pour se
relever de ces moments. »

Et, sur le mot douleur encore :

« Il y a plusieurs douleurs. Il y a la douleur par une
gifle, par un coup de poing. Il y a la douleur par des
mots. Des mots qui vont droit au cœur et ça c'est douloureux. Il y a la douleur quand on perd un être familier
ou qu'on aime beaucoup. Il y a des milliers de douleurs
qui font très très mal. Ces douleurs, on a souvent du mal
à les oublier car elles sont là dans le cœur et qu'à chaque
fois qu'on pense à quelque chose toutes ces douleurs vous
reviennent et ça fait très mal. »

Et enfin, de cette même séance où j'avais proposé
qu'on aille regarder au plus profond qu'on puisse dans
l'intérieur du mot, mais en se donnant les contourne-
ments, cercles et spirales, par le fait qu'on n'utilisait que
la langue, pour s'en protéger, et donc s'y constituer, si on
pouvait une armure :

« Mon enfance ne fut pas facile. La tristesse et la haine
me hantaient et me hantent toujours jour et nuit. Malgré
toute la rage que j'ai en moi, malgré mon *abandon* du
côté de ma mère, ma mère est la seule personne que j'ai

le plus cher au monde. Et celle que j'aimerai toute la fin de ma vie. Mais la douleur restera toujours. »

C'est pour cela que j'avais proposé qu'on ait cette lecture, en pleine prison, que ceux qui avaient écrit les textes y soient encore ou soient déjà partis, qu'ils se soient inscrits ou non pour venir sur les bancs de la grande salle à l'acoustique dure, avec sa scène de théâtre trop haute (je ne suis pas dessus, mais juste au pied, il ne fait pas chaud mais je transpire et eux pas). Je leur dis que ce texte que je veux lire, exprimant pourtant refus, avait marqué l'importance qu'il y avait pour nous, de notre côté, à le recevoir et l'honorer (l'auteur n'est pas là, libéré depuis quelques semaines, et on s'était dit que peut-être au revoir) :

Monsieur,

je ne ferai point le texte que vous attendez de moi

quand vous me dites de faire un texte sur un de mes souvenirs, ah non, surtout pas

car vous ne savez point ce qu'est-ce que ça me fait d'évoquer un souvenir

vous ne ressentez point ce que moi je ressens quand j'évoque mon passé

car si vous le ressentiez vous auriez tellement mal

car quand j'ai mal

vous ne ressentez point ma douleur

une douleur inexplicable

une douleur que vous ne ressentirez jamais

une douleur dont vous ne vous imaginez même pas

une douleur dont vous ne voudriez jamais avoir à faire

une douleur que vous ne voudriez jamais croiser

une douleur que chaque détenu d'entre nous ressentons

une douleur qu'à chaque fois qu'on se lève le matin elle est là en nous

et à chaque fois qu'on s'endort elle est encore là en nous

et si vous me dites d'écrire pour ressortir mes sentiments ou cette douleur oh non
peut-être que ça ferait sortir mes sentiments
mais je pense que ma douleur restera en moi
si un jour cette douleur me quittait
ce n'est pas vous qui m'aiderez à la quitter cette douleur
je ne dirai point ce que j'ai dans la tête
et dès que vous aurez terminé de lire ce texte
surtout ne riez point
car ça me déplairait merci

La lecture est finie. Ils ont applaudi, et un qui n'était
pas de mon atelier a voulu venir lire ses poèmes. Un autre
s'est saisi de la basse, pour mimer des postures de variété.
Puis il était temps qu'ils repartent.

On est remonté pour un moment à la petite salle où
tout cela s'est écrit. Le pavillon 3 c'est un hexagone, avec
des cellules au rez-de-chaussée, la porte bleue à barreaux
par quoi on arrive, et la porte symétrique bleue à barreaux par quoi on rejoint l'autre pavillon et la cour.
Devant cette deuxième porte, le règlement intérieur, la
liste de ce qui est proposé pour les commandes de cantine, et des informations sanitaires. L'escalier de ciment
avec rampe de même métal peint en bleu. C'est toujours
un peu crasseux, même s'il y a toujours le détenu affecté
au nettoyage avec sa serpillière et son seau. Il y a l'odeur
d'eau de Javel. Au milieu, côté extérieur, face à l'escalier,
la guérite de bois à vitre Plexiglas du surveillant. C'est de
là qu'il commande l'ouverture des portes. Il n'est pas souvent dans la guérite, il doit sortir les détenus de leurs cellules, les amener au portail de la cour, fermer et revenir.
Il y a ceux qu'il faut emmener au parloir, à l'avocat, à la
visite du dentiste ou du dermatologue. Il gère aussi les
douches. La cabine de douche est au premier, au bout du
couloir, face à l'entrée de la salle de classe. Les cellules

sont tout autour de l'hexagone, avec le nom (ou les deux noms) sur une étiquette à la main près de l'interrupteur extérieur. Sur la guérite du gardien, puisque de l'étage on en voit le plafond, des tas de choses jetées, qui ne sont pas nettoyées souvent, comme une petite vengeance.

Dans la salle, l'instituteur a mis un disque de jazz. Il y a une fenêtre sans barreaux dans l'angle rentrant des deux bâtiments d'un étage. Ceux qui s'étaient inscrits à la lecture, maintenant le surveillant les emmène dans la cour.

Dans les buts c'en est un qui a un haut de survêt orange, ça fait comme une tache chaque fois qu'il se dégage des autres pour se baisser d'un seul coup et sur le ciment bruit du ballon comme un écrasement avant le son plus sec du rebond, plus le crissement de quelque chose de lourd qui glisse et encore le son sec du pied qui renvoie, on ne peut pas distinguer si ce qu'on perçoit c'est le choc directement du pied sur le cuir, ou bien la réflexion de cela sur les murs gris derrière et autour. Des appels et des cris, mais ici pas d'insultes, jamais d'insultes (l'autre dimanche en Sologne dans ce village la promenade du dimanche après-midi près des fossés et des étangs on tombait sur l'arrière de ce match en train de se jouer, chaussettes blanches tendues et la boue devant les buts, les joueurs aussi criant), ici pas de spectateurs (une piste en ovale autour du terrain format hand-ball et trois qui marchent en parlant, celui du milieu un peu plus grand et même dans les virages ils continuent d'être de front). La technique qu'ils ont, et sur si peu d'espace leurs retournements pour frapper en tournant et renvoyer sur l'autre aile le ballon qui venait droit, les chocs de la tête pour passer à un autre, et la force que c'est pour projeter droit le ballon dans le rectangle de trois lattes de bois passées à la peinture blanche, le gardien fait un quart de tour sur lui-même, perdre on n'aime pas et c'est comme de donner un coup de poing au ciel.

Au fond avant le mur encore un grillage, celui-ci est tout seul avec un ballon jaune, l'envoie sans bruit sur le grillage (son coup de pied sur le ballon de mousse on ne l'entend pas, mais le rebond sur le grillage si), le ballon revient et il recommence et le grillage résonne encore plus fort.

Mouvement de repli comme autant de particules singulières, on reconnaît les survêtements ou ces drôles de pantalons larges à motifs de couleur, ce mardi 18 mars c'est un temps d'hiver mais celui-ci est en tee-shirt sans manches, on ne sait pas, de la fenêtre, qui est avec qui, l'emplacement seul ou les trajectoires le disent.

Les trois qui marchent ont fait encore un tour, celui qui tape le ballon seul contre le grillage continue, d'autres derrière sont assis sur une marche de ciment ils sont cinq et à peine s'ils parlent mais s'ils regardent qui pourrait le dire, simplement, être assis là où on pourrait être spectateur, même si on ne l'est pas, c'est une justification d'être là et du temps, d'être ensemble peut-être même si apparemment non ils ne parlent pas, c'est l'heure d'être dehors.

Ce qu'ils nomment ballon et en fait usage, vu d'ici une boule lourde et qu'on dirait gluante, ce cuir qui a traîné dans la pluie et la boue, et attend dehors que reprenne le rituel, la boule lourde a de la peine à s'envoler, collée à la terre par une attraction invisible, le ciel aujourd'hui est gris blanc et les arbres taillés en tenue d'hiver, disproportion entre les bandes blanches autour du terrain format hand-ball et les deux fois sept corps en survêtement ou pantalons larges de couleur et le mouvement lourd de la boule qui rebondit pourtant, bruit sec, coup sourd, raclement, la boule de cuir gluante et lourde qui repart encore vers là-bas celui en haut de survêtement orange et qui crie quelque chose comme *reviens reviens* ça ne fait rien il est seul face à celui qui arrive avec la boule il s'avance et se baisse. Ce qu'ils nomment *corner*, cette fois un qui sort des bandes blanches jusqu'au bout de l'étendue dans les grillages chercher la boule lourde, les trois qui marchent de front sur la piste ne se sont pas dérangés, les cinq là-bas sur le ciment qui regardent n'ont pas tourné la tête vers l'angle où ça se passe, continuent de regarder droit devant eux où il n'y a plus rien, on voit l'élan en diagonale du type de dos (en survêtement bleu avec une bande blanche sur l'épaule), ça repart dans l'autre sens avec encore un cri et l'appel *reviens reviens* mais maintenant c'est de l'autre côté qu'il part.

Et le ciel est gris blanc et le haut de survêtement orange fait une tache dans les vêtements bleus ou noirs avec juste la ponctuation des pantalons larges de couleur, et celui qui seul frappe encore et encore son ballon jaune contre le grillage qui résonne, quand le ballon lui échappe au rebond il court et le renvoie en arrière, et celui-là personne ne se mêle de son jeu, maintenant qu'ils reviennent parce que c'est l'heure et que de sous la fenêtre jusqu'au sas de grillage le gardien à casquette est venu, a ouvert la serrure (ils étaient aussi enfermés dehors) et ils se rapprochent, rient et transpirent, la boule lourde de cuir restée là-bas calée contre les lattes de bois blanc, à la prochaine fournée elle reprendra usage. Ceux qui tournaient de front eux aussi rentrent, et celui qui jouait seul : on est mardi 18 mars 1997, vers seize heures, et un instant la cour de la prison est vide.

Le bassiste et moi on a récupéré nos cartes d'identité à l'entrée, puis porté l'amplificateur, la basse et les accessoires à la voiture (cette semaine-là j'étais en voiture), on les a chargés à l'arrière et rendu le Marshall à la boutique de location. Je l'ai déposé gare Saint-Jean avant, moi, de reprendre l'autoroute.

Qu'est-ce qui reste?

VI
ISOLEMENT

Il est là. Il est toujours là. C'est comme s'il était là pour toujours.

C'est le soir. Il est seul dans sa cellule. Sur la table il y a une carte d'un autre, qui a été avec lui pendant un peu plus de trois mois, mais qui est sorti maintenant, et lui a écrit. Brièvement, mais c'est important. Sans doute aussi qu'il n'écrira pas de deuxième carte.

C'est le soir dix heures. Dehors il y a ceux qui parlent aux barreaux, criant fort pour se faire entendre dans le mélange des cris et des voix. Lui il a fermé la fenêtre, il ne veut pas entendre. Mais l'électricité coupe, c'est presque tous les soirs et le surveillant aussi en a marre. Peut-être que c'en est un qui, parce qu'il n'y a pas d'eau chaude dans les cellules, et qui n'avait pas les moyens de se cantiner un petit thermo-plongeur, la spirale résistante qu'on met dans un verre pour se faire un Ricoré, a encore improvisé un de ces systèmes avec deux fourchettes séparées d'un plastique, et chacune reliée par une dent à une borne de la prise. Évidemment trois fois sur quatre ça saute. Mais quand on vous donne le dîner avant six heures, c'est bien de se prendre un Ricoré. C'est pareil le dimanche, si on ne se réveille pas (pour une fois qu'on n'est pas obligé, on n'a pas envie de se réveiller) à sept heures, plus moyen d'avoir de l'eau chaude, le surveillant de service ne vous autorise pas à aller jusqu'aux douches pour ramener un verre d'eau tiède. D'ailleurs il n'y a pas de douche le dimanche.

Alors maintenant tous ceux du pavillon trois sont derrière la porte bleue des cellules, à taper et crier : « Mirador, Mirador… » Et tant qu'on l'appellera comme ça, évidemment le surveillant ne viendra pas. Et ça recommencera demain ou après-demain et ainsi de suite, chaque fois pour une demi-heure, avant que le surveillant se décide et réenclenche le disjoncteur. Forcément, lui aussi il en a marre.

C'est le soir et il ne dort pas. Il a déjà marché. Il y a une télé (ici c'est gratuit), mais elle marche sans le son, il ne la regarde pas. Il ne regarde pas les informations, qui l'énervent, il regarde un peu les films, mais à force, ici, on trouve vite qu'ils se ressemblent tous. Surtout, qu'ils ne ressemblent à rien de ce que vous attendez. Quand c'est l'heure du film de cul, le samedi tard, on les entend par les murs et les couloirs, ils font le tam-tam sur les tuyaux mais ça non plus ça ne l'amuse plus. Il aime quand il voit des images de Bordeaux, mais les paroles il n'en veut pas, assez de ce qu'on traîne dans sa tête. Finalement il éteint.

Quand j'ai pris mes dix jours de mitard c'était peinard ça fait du bien ça repose.

Ça aussi on saurait pas dire pourquoi. Là-bas on sort pas, le matin arrive, et les heures du jour défilent dans les ombres de la fenêtre, il fait chaud, il fait froid, on entend vaguement des bruits, les autres étages, on a une heure pour se retrouver dans une cour encore plus nue que cette pièce et voilà, on n'attend rien, on ne compte pas les moments du jour mais on attend seulement la fin des dix jours, tout est silence, on attend, on se vide et c'est ça qui repose. Ensuite, on revient là.

Le bruit. Il est devant la fenêtre ouverte, comme c'est le premier étage il s'est accroupi. Mais il ne fait pas comme les autres, d'avoir dehors les jambes et les pieds.

Il reste dans le noir, on ne le voit pas, il écoute. Ça dure deux heures, surtout quand il fait un peu chaud, mais c'est la même chose toujours. Quelquefois c'est drôle. C'est pas souvent. Il y en a qui sont forts pour les plaisanteries, on sort son jeu de mots, et puis après, quand c'est fini, qu'on s'est bien moqué, on proteste que c'était pour rire et du respect qu'on a pour celui qu'on vient de railler. C'est la règle, et comme on le sait, on peut tout se permettre. Si à la fin il n'y a pas ce salut qui réinverse les rôles, c'est le lendemain que ça se paye. Et si ça ne se paye pas, tant pis pour celui qui s'est laissé bafouer, c'est tous les autres qui lui marchent dessus. Et soi aussi on le fait, parce que sinon ce serait notre tour. Dehors, c'est comme ça, mais ça se voit moins. C'est comme ça là où on travaille et qu'il y a des chefs, mais ça se dissimule. Ici c'est devenu la surface des choses. On est comme l'escargot ou le bigorneau dans la cage de ses quatre murs, avec les pattes qui sortent aux barreaux (c'est pas le bigorneau, c'est le bernard-l'ermite, il y a ça à Arcachon, quand au foyer on vous faisait virée en bus, qu'on vous emmenait le matin et qu'on vous ramenait le soir, avec l'eau salée dans le pantalon qu'on avait mal retroussé, et les coups de soleil sur les avant-bras et la nuque, et les mêmes virées en bus avant même l'âge du foyer, ces machins des bonnes âmes, des œuvres de quartier et qu'on a toujours été, avant même l'école primaire, le matériau de ces œuvres et bonnes âmes, le pauvre à aider, à fiche dans un car pour une journée de bonheur à Arès, Andernos ou Le Teich bien au fond du bassin d'Arcachon, et qu'on pisse sur leur bonheur de fabrique au soleil dans les vases), on est comme ces bestioles molles dans des coquilles, et l'instant qu'il n'y a plus de coquille, qu'on est dans les couloirs devant la porte ou dans le sas avant la cour, il faut respecter le code et montrer qu'on en dispose, sinon cela se retourne sur vous.

On se moque de la cantine des autres, on se fiche bien que les autres mangent mieux que vous, d'ailleurs on n'a pas faim, on n'a jamais eu faim, on se débrouille plutôt pour les cachets et dormir, la faim et leur plateau on s'en moque, on laisse tout en tas, au moins la moitié et quand le chariot du retour passe c'est des montagnes de pain et de couscous : celui qui mangerait tout, ici, ça voudrait dire quoi ? Qu'il accepte aussi la prison à l'intérieur, dans le sang et les boyaux. Celui du 122, sa cantine on la lui prend. Ce qu'il a fait on s'en fout, ici ça se dit pas, c'est ses affaires. Pourquoi ça s'est fait de lui prendre sa cantine c'est même pas des paroles non plus. C'est comme ça parce que ceux qui sont ici pour ce truc-là leur cantine on la leur prend et ils n'ont rien à dire, et soi-même, même qu'on n'a pas faim, même qu'on s'en fiche et que l'autre au fond on l'aime bien eh bien sa bouffe de commande sa cantine on la lui prend. Et puis lui il ne dit rien.

C'est dix jours avec réveil à sept heures et qu'on sait que le jour est vide, malgré l'homme à casquette qui ouvre la porte et dit votre nom et ce qu'il y a à faire, ou bien rien et qu'on doit répondre « Présent » même si on est devant lui et qu'il vous voit, à peine si on croisera le regard de ceux qui vous amènent le plateau (ils sont du service général, mais à cet étage ils n'ont pas le droit de parler). Et le gardien encore, qui en pleine nuit trois fois allume la lumière et regarde au guichet en laissant l'intervalle (c'est connu qu'ici il y en a qui se sont pris des coups de fourchette pour avoir mis l'œil trop près, on leur apprend ça à leur école et s'ils l'oublient c'est tant pis), comme si d'ici on pouvait partir ou même qu'on trouverait quelque chose où se pendre, tout ça ils l'ont calculé et on est tellement au-dessus : on est tellement bien au calme et séparé de tout et d'abord du temps comment eux ils comprendraient (même les dix jours je ne les comptais plus).

La nuit et la lumière qui s'allume et on se retourne dans le lit ou bien au contraire on ne bouge pas on fait comme si on s'en moquait comme si tant pis pour eux et que ça nous dérangeait moins qu'eux, on crispe juste un peu les yeux et voilà, plein milieu de la nuit deux heures, l'heure de leur ronde et du rapport.

Je suis devant les barreaux rectangulaires de fer noir et j'attends. La fenêtre est ouverte et les cris ont cessé. Il y a une odeur de tabac parfois qui passe. Un autre doit être dans le silence et le noir derrière aussi la fenêtre ouverte. Je ne vois pas de point rouge. Je me doute. C'en est un qui non plus ne parle pas, qui préfère cet agrandissement de la solitude par la nuit, cette illusion où on peut se grandir d'être encore dans un partage du monde, grâce à la nuit et par elle, les barreaux noirs rectangulaires pris alors dans cette même continuité, ne nous séparant plus du monde mais nous y incluant avec eux-mêmes, on aperçoit dans le ciel la tache blafarde de la grande ville et dans le silence maintenant de la nuit on distingue ce fond de gronde- ment vague que le centre oriente, même faible tout ça c'est là, la communauté d'hommes que la ville rassemble, là où on a eu sa vie et maintenant sur la grande sphère rassem- blée, le nœud compact de la ville, les barreaux sont collés tout au bord et soi-même au fond de la nuit dans les murs, ce qu'on regarde au travers c'est le centre de la ville, une odeur de tabac repasse et le silence s'est fait.

Je ne dormirai pas. Dans les quatre murs je suis seul. Ils ont laissé l'armature des lits superposés scellée aux cloisons mais je suis seul. Avant je n'étais pas seul, vivre à deux c'est difficile, on ne choisit pas avec qui on nous met et ça avait mal tourné pourquoi est-ce que je l'em- bêtais et même j'écrivais pour lui les lettres qu'il me dic- tait, il n'avait pas voulu me donner de tabac moi je n'en avais plus mais le lendemain j'en aurais eu, j'en avais commandé je le lui aurais rendu on s'est énervé mais il était énervé aussi quand j'ai tapé ça lui a cassé le nez c'est ce qu'ils ont dit c'est vrai que ça saignait mais je n'avais rien contre lui, rien de plus que d'être énervé et que du tabac j'en aurais eu le lendemain alors quoi et dix jours d'isolement pour ça, là-haut grande maison quatrième étage dix jours enfermé. Je dors dans le lit d'en haut, je laisse mes affaires sur celui d'en bas, la télé continue ses images vides de la nuit, très loin dans la nuit de la ville on entend une sirène, la ville on la sait, on sait comme elle est avec les immeubles et les rues, la gare et derrière la gare quand c'est cette heure-là de la nuit et l'hôpital et la garde à vue et tout.

Isolement, fenêtre dépolie qui s'entrouvre sans qu'on puisse apercevoir le sol, les murs ou les arbres, au quatrième étage la seule répartition des heures dans la modification du jour aux brillances du verre dépoli, on ne voit pas dehors, qu'un bout de ciel en haut, dans la partie ouvrante de la fenêtre, pas de ville, pas de bâtiments, rien, que les dessins noirs des traces d'incendie, sur huit cellules du quatrième étage six ont les traces d'incendie de matelas qu'on enflamme. C'est l'heure comme ça dans la nuit que les gars se tailladent et le dessin qu'on a sur les deux avant-bras des stries parallèles refermées par un mauvais bourrelet c'est le signe de la prison aujourd'hui comme autrefois on dit le fer marqué sur l'épaule en haut, on dit qu'on se taille et sur mon bras aussi les vieilles marques est-ce que je le referai, est-ce que ça servirait d'ajouter des marques à d'autres marques, laisser le sang tacher le sol, les murs et les draps, tenir devant soi ses deux bras au sang qui coule partout et dire voyez comme vous ne m'atteignez pas après on est à l'infirmerie on a les bandages et c'est fini. Quand on fiche le feu au matelas où est-ce qu'on se met soi, qu'est-ce qu'on respire et est-ce qu'au moins ils viennent vous sortir de là, pas envie de griller avec le pauvre matelas.

Je me souviens quand j'étais avec Afif. La prison c'était la première fois, l'image de la pièce je l'ai gardée si net. On est dans une pièce pareille, on se fait pourtant l'inventaire d'une autre, la première fois, simplement parce qu'on se souvient de la voix d'Afif, comme si on n'avait pas habité un lieu mais une voix, et qu'ensuite tout cela vous était indifférent. *Un W.-C. séparé d'un petit muret, un peu plus loin à un pas, un lavabo. Une petite table avec une petite étagère où sont rangés deux bols, deux verres, deux assiettes et les couverts, et une chauffe. Dans un coin de la pièce, un balai, un seau, une serpillière. Sur le mur près des lits, un panneau avec un calendrier et des photos. Au fond de la pièce, une fenêtre qui s'ouvre à moitié et, juste derrière, des barreaux. Au-dessus de la porte, dans un coin, une planche où est installée une télé. Près de la table, une chaise et un tabouret. Sur la table, des denrées alimentaires cantinées, ainsi que du papier à cigarette et du tabac, et les bons de cantine bleu, rouge, jaune. Près de la fenêtre, deux tringles en carton faites maison, où sont pendus deux blousons. Sur l'évier, deux savons, deux brosses à dents ainsi que du dentifrice et du shampooing. Sur le muret, deux serviettes et deux gants de toilette. Sur l'étagère, le papier à lettres avec enveloppes et timbres. À l'entrée, deux interrupteurs, un à droite et un à gauche. Celui de droite pour sonner l'extérieur et celui de gauche pour la lumière. Sur le bord de la fenêtre, des fruits ainsi que des yaourts, tomates. Au fond de la pièce, deux sacs avec des affaires de rechange. Sous l'évier, une petite bassine rouge. Des noms de types gravés sur le mur.* Si on se remet dans la voix d'Afif, on a aussi ses mots, on dit une *chauffe* pour la résistance qu'on achète sur le catalogue de la cantine, pour se faire chauffer son eau (ici je prends l'eau tiède à la toilette, en semaine ça va, en cellule c'est eau froide seulement et le dimanche si on loupe la toilette pour dormir un peu plus, on n'a plus d'eau chaude pour le Ricoré), et c'est à cause d'Afif aussi qu'on s'en souvient, comment tout cela était aménagé avec le calendrier et les blousons accrochés, la cuvette pour la lessive et l'épicerie au frais sur la fenêtre. J'ai rompu. Là depuis trop, et qu'on vous charge. J'ai visite une fois par semaine, et ma famille laisse aussi un mandat, ça me fait le tabac et le Ricoré. Je donne mon survêtement de la semaine et les sous-vêtements, ils me donnent l'autre survêtement et d'autres sous-vêtements. Qu'est-ce donc qu'il me faudrait d'autre ? Le dentifrice ça dure, et la mousse à raser autant que je peux. Le reste on s'en passe. Je ne supporterais plus de calendrier. Mon nom, ou plutôt mon nom dans la cour ou mon nom dans le quartier, ce qui s'appelle surnom mais est un nom plus vrai que le nom, en isolement moi aussi je l'ai ajouté, sur le noir de la trace d'incendie, gravé en relief et très fin pour que ça ne parte pas, là où tous les autres noms étaient marqués, avec la date et puis *fuck*.

Je me rappelle, j'avais trois ou quatre ans, moi et ma mère on habitait chez mon grand-père et ma grand-mère à Bacalan. Ma mère partait travailler le matin, et ce matin-là je voulais partir avec ma mère, mais elle ne pouvait pas m'amener, mais moi je n'arrivais pas à comprendre ça. Ma tante me tenait, pendant que ma mère partait. Ce jour-là, je suis sorti par-derrière pour suivre ma mère. Sans réfléchir, j'ai pris le premier bus, et je me suis retrouvé sur les quais. J'ai marché, marché pendant au moins une heure, et j'ai fini par craquer. J'ai rencontré une femme qui devait avoir vingt ans ou vingt-deux ans, mais je me rappellerai toujours, je l'avais trouvée jolie, alors j'ai été lui expliquer que je m'étais perdu en cherchant ma mère qui était partie travailler. Elle a été super gentille avec moi, elle m'a amené chez sa mère et sa tante qui tenaient une boulangerie ensemble. Ils m'ont fait manger, mais comme je n'avais pas trop faim ils m'ont offert des gâteaux et des bonbons. Après, ils ont téléphoné au commissariat, qui sont venus me chercher et m'ont ramené. Sur le chemin du retour j'avais la trouille de prendre une dérouillée. Mon oncle qui était toujours gentil avec moi, je l'ai vu en colère pour la première fois. La réaction de ma mère, je m'y attendais, elle m'a mis une gifle. Mais ce qui m'a étonné, c'est qu'elle m'a pris dans ses bras aussitôt après. Là, elle s'est mise à pleurer.

Une fois par mois on a fouille de cellule. On vient vous chercher (même si on est dans l'atelier d'écriture ou n'importe), on vous amène, et devant vous on remue ce peu où vous êtes, on tourne le matelas, on regarde sous votre étagère à vêtements, on vous inspecte vous aussi. Nous, on sait où doit rester ce qui est secret, ce qui leur est inatteignable.

C'est comme la musique d'après-midi, ce qu'on dit ça comme ça. Ils passent dehors avec une perche en fer, ils font le mur dans les deux sens, rez-de-chaussée, premier étage, avec la perche ils cognent les barreaux. Un deux trois quatre cinq, silence. Un deux trois quatre cinq, silence. Les barreaux résonnent dans le vide. Pourquoi est-ce que ce n'est jamais la même musique : manière différente d'être scellé, résonance différente du mur. Cela dure une heure. Le bruit s'éloigne, revient, passe au mur d'à côté. Cent vingt fois les coups, cent vingt variantes. On ne fait plus rien d'autre. Il faut que ça sonne clair, mais qui s'amuserait à scier ça, on serait avancé en quoi? À la sortie de l'atelier fer ils ont mis un portique avec une sonnerie. Qu'est-ce qu'on aurait en fer sur soi-même, je ne porte même plus de montre. Il suffit ici d'apprendre les bruits.

Je connais mon visage. Je sais aussi porter mon visage, je sais qu'il est droit sur le cou tenu, avec la tension des vertèbres du haut, parce qu'on a eu des cours au foyer, que selon les années la mode changeait et qu'on nous apprenait la maîtrise des gestes dans le combat. Si on fait de l'aïkido, on peut faire à main nue, ou avec un couteau, ou un sabre, ou un bâton lourd, et toujours le geste sera le même et on sait se défendre. C'est comme ça que j'ai appris à tenir mon visage, et mon visage ne donne à lire que ce que je veux bien qu'il donne à lire. C'est mon visage dans la cour, ou mon visage pour les autres selon ce qu'est l'autre, ou mon visage pour celui qui donne un ordre dans la fouille, ou celui qui vous signifie que pendant dix jours vous serez en isolement là-haut.

Je connais le visage de ma mère, et je ne connais pas mon visage quand j'étais perdu sur les quais. Peut-être qu'ici dans la nuit quand on ouvre la fenêtre et qu'on attend longtemps c'est bien parce qu'on cherche. Quand on n'est pas seul et séparé de la grande boule par les barreaux qui en font partie et permettent d'y regarder au centre, on n'a pas tant l'effort de chercher. C'est un monde qui va trop vite, et quand ça va trop vite on ne pense même plus à ces choses qu'on sait, de l'aïkido et des bâtons lourds et des couteaux. On s'en souvient à peine en garde à vue, quand on sait que recommence la boucle, et ça vous revient ici, dans le silence et la nuit, avec l'autre qui dort sur le lit inférieur et dont on sait que bientôt il va grogner qu'on ferme la fenêtre, ou tout seul ici quand on vous dit comme par punition qu'on vous laisse seul parce que cet autre, un jour, vous l'avez envoyé à l'infirmerie après lui avoir cogné le nez.

C'est une chose d'enfance dont je me souviens. C'est à l'âge de six ans à peu près, avec mon copain d'enfance on ne savait pas quoi faire. Un après-midi, après l'école on est monté sur une terrasse pas loin de chez nous. Il y avait un seau rempli d'eau très sale, et on a eu envie de le renverser sur le premier qui passe devant l'immeuble. Soudain un homme s'approche de l'endroit, en marchant tranquillement. On a positionné le seau, et hop, sur le bonhomme. On a couru vers une grange qui se trouvait au fond de la terrasse. On entendait les pas du bon-homme se rapprocher vers nous. On avait de plus en plus peur, on se demandait ce qui allait se passer, je crois qu'il se doutait qu'on était là. Il a allumé son briquet, une flamme dans le noir, et on voyait la colère qui marquait son visage. Ça m'a marqué la mémoire. Une autre chose d'enfance revient quelquefois : à l'âge de sept ans à peu près, il y avait une épicerie pas loin du quartier où j'habitais. Alors, à force de rendre visite au commerçant de l'épicerie, on s'est aperçu, moi et mon copain, que le commerçant avait une sorte de perte de mémoire. À chaque fois qu'on lui demandait du café en poudre, tout en sachant qu'il n'en avait pas, lui il se mettait à chercher, et nous on en profitait pour prendre des bonbons. Ça a marché trois fois.

Maintenant c'est l'heure de ceux qui hurlent. On s'endort, et puis forcément à un moment de la nuit on a assez de sommeil, on est là assis sur son lit dans le noir et rien à faire et c'est là qu'on a peur. Une fois c'est lui qui a hurlé, il y a longtemps, ce n'était pas son premier séjour ni le deuxième, donc celui d'après sans doute. Le premier un peu long, parce que chaque fois ils vous remettent la sauce un peu plus lourdement. « Encore vous… On se connaît déjà… Vous avez pas pu vous empêcher… » Et même s'il s'agit de bien moins. Comme on dirait à quelqu'un qu'il exagère. Un jour un flic a dit ça autrement : « On peut pas vous garder tout le temps, et on n'a pas les moyens de suivre toutes les affaires. S'il fallait se déranger pour chaque braquo. Alors forcément en compensation qu'on vous tient à l'œil, même sorti. » Maintenant moi je ne hurle plus, ça hurle dedans, mais le visage reste droit. Ils peuvent tout, et la garde à vue, et me dire pour combien ils m'en remettent, je ne bougerai pas le visage, et quand bien même ça hurle, dans le jour devant eux, ou la nuit ici tout seul.

Je me souviens de quelqu'un qui a été important, c'était mon dernier éducateur.

J'avais dix-sept ans et un casier déjà énormément chargé. Plus aucun foyer et éducateur ne voulait entendre parler de moi, même le juge. Et un jour, une copine à moi m'a dit qu'elle connaissait un éducateur qui avait entendu parler de moi, et qu'il voudrait bien me rencontrer. J'ai mis trois semaines avant d'aller le voir, enfin plutôt à me décider parce que je n'avais plus confiance en eux. Je me pointe là-bas, et je l'ai demandé. J'ai commencé à le baratiner, pour de l'argent. Là il m'a bloqué. Il m'a dit : « Moi je ne te donnerai pas d'argent. » Ensuite on a parlé de mes problèmes. Au début j'étais méfiant, par la suite j'ai bien accroché avec lui. Au début il m'a mis à l'hôtel et par la suite il m'a même trouvé un studio. Pendant un an je ne me suis pas reconnu, j'avais tout arrêté. J'ai fait des trucs que moi-même je ne me serais jamais cru capable. Et un jour cet éducateur a été muté comme directeur dans un foyer. Après, on a mis un autre éducateur, ça n'a pas du tout accroché, et je suis reparti dans mon ancienne vie.

L'après-midi on va dans la cour. C'est comme un stade de collège, sauf qu'autour il y a le mur gris, avec les cages en surplomb pour les gardiens (mais sans gardien dedans, juste des caméras). Les câbles anti-hélicoptère tendus à l'horizontale entre nous et le ciel, comme si on avait des ailes et qu'on pouvait nous envoler, qu'il fallait nous empêcher. Il y a les deux buts de hand-ball qui servent de buts de foot, et eux ça leur plaît, ça court dans un sens et ça court dans l'autre, derrière une vieille balle gluante et lourde à force de dormir dehors et de racler ici les flaques. Il y a ceux qui marchent tout autour, sur la piste qui sert à courir, et qui font ça toujours dans le même sens (inverse des aiguilles d'une montre) parce qu'un jour ça a commencé de tourner dans ce sens-là et que depuis tout le monde fait pareil. Il y a ceux qui vont s'accouder au grillage côté des pavillons et qui essayent de parler à ceux qui sont aux fenêtres à huit mètres de là, avec du mal à s'entendre. Quelquefois, ceux du dedans lancent à ceux de la cour des choses qu'on alourdit comme on peut, à l'intérieur d'un vieux paquet de cigarettes, pour que ça aille jusqu'au grillage, et ceux du grillage essayent de le récupérer avec une branche ou ce qu'ils trouvent.

Il y a celui qui récupère l'herbe coupée et sèche des coins de pelouses et la broie pour s'en faire du tabac et se faire croire autre chose. Des fois on se moque de lui, ça fait rien, il continue, avec son herbe séchée des fois fumée directement dans un bout de papier journal replié en cornet.

Et puis ceux comme moi qui se mettent là debout à cinq ou six, immobiles et les mains dans les poches, pour parler. J'aime bien quand on ne parle pas tout le temps, et qu'on se dit du sérieux. Ceux qui se parlent tout le temps, aux fenêtres ou en marchant, c'est qu'ils n'ont que du rien à se dire. On a forcément des nouvelles à apprendre, du quartier et de la ville, de ceux qui ont franchi le portail vert pour venir nous retrouver ici et que parfois on est content de revoir, et ceux qui ne sont plus dans les couloirs et qu'on ne reverra pas. On a des choses à dire sur les surveillants et les cellules, les changements qu'on demande pour se mettre à deux puisqu'ici on a le droit et tout ce qui entretient les variations du temps quand il est trop égal et rigide. Vendredi soir il y en a qui ont fait rentrer de l'alcool, ils avaient de l'alcool et à onze heures dans la nuit ils chantaient comme chante un homme saoul (le lendemain il y a eu fouille de tout l'étage et bien sûr pour rien).

On pense à ça dans la nuit, ce qui s'est passé dans la cour, parce que quand on est immobile, qu'on se tait et qu'on a les mains dans les poches, les autres vous respectent et viennent à vous comme en consultation. Ce qu'on dit aux autres par l'allure qu'on a et son immobilité. On me connaît comme ça, je suis comme ça. Et à ce qu'ils me disent je réponds, et si je ne réponds pas ils savent aussi quoi en déduire.

Quelquefois j'ai fait des voyages. C'était en train vers Toulouse, et même plus loin. Une autre fois on avait dit qu'on irait en Espagne. On est parti, comme on n'avait pas de billets on a pris le dernier train, à la tombée de la nuit. C'était un beau voyage, surtout avec les chiens.

On a tourné en rond dans Irun. Le soir on est parti dans un petit rade dans un petit coin isolé d'Irun. C'était bizarre car aucun de nous ne parlait espagnol, pour se faire comprendre on avait quelques difficultés, mais heureusement que le langage des mains existe car ça nous a bien sauvés. Arrivés à la tombée de la nuit, on est rentrés tous les quatre et mon chien dans une cage d'escalier. Je savais que la police allait débarquer, vu comment c'était bourgeois à l'intérieur. Mais apparemment la chance était avec nous, on a réussi à passer la nuit dans la cage d'escalier. Vers sept heures du matin la police est venue nous jeter. On est sorti et on est retourné au petit rade de la veille, qui se trouvait à côté de la gare.

On était décidé à prendre un train pour traverser l'Espagne et aller en bordure de mer. Mais vu que comme papier d'identité je n'avais qu'un billet de sortie de prison, je ne pouvais pas traverser l'Espagne tranquillement. Alors on a décidé de refaire tous marche arrière, et retourner sur Bordeaux pour que je prenne d'autres papiers.

On n'a jamais réussi à reprendre le train, car on n'avait pas de ticket et nous quatre avec des gros sacs à dos et un chien, on était tout de suite repérés. Enfin on n'avait pas le choix. On a fait plusieurs kilomètres à pied. On a fait Irun Saint-Jean-de-Luz à pied. On a passé la frontière à pied, c'était bizarre, c'était impressionnant de voir la frontière

fermée, on pouvait passer tranquille sans avoir besoin de
présenter nos papiers, tout était désert. Arrivés à Saint-
Jean-de-Luz on a pris le train pour Bordeaux et là on a
réussi.

Et après il s'est passé autre chose, on devait repartir et
on n'est pas reparti, c'était fini du voyage en Espagne et la
mer de l'autre côté on ne l'a pas vue. Je repense aux
voyages et partir, être quelque part là sur une route et
attendre et dire qu'on s'en va là où on vous déposera. Qu'il
y a des routes et le ciel et des arbres, et que ce n'est pas
comme ici, sans arbres et des câbles entre nous et le ciel.

Il y a ici comme ça un collègue qui a vu les Indes et a
fait le monde à pied. Il n'aime pas les maisons. Il dit qu'il
veut aller en montagne, vers les Pyrénées et Pau où il a
été en foyer et c'était bien (je ne sais pas si c'est bien
d'être en foyer à Pau, c'est lui qui le dit : « On était bien,
à Isidore-Ducasse. »). Il dit que dans la montagne il creusera un trou, et que dans le trou il creusera une chambre
et d'autres galeries. Qu'il ne regardera plus le jour ni les
autres mais qu'il sortira la nuit dans les montagnes et que
dans le jour il sera dans son trou et que ce trou sera invisible des hommes. Il dit qu'il aime cet endroit des montagnes parce que les hommes y vont peu (qu'un jour il a
voulu traverser seul un lac, qu'il a été pris dans des herbes
et qu'il a cru qu'il y resterait, parce que l'eau était très
froide et les herbes très longues, il dit : « Que ç'aurait été
une belle mort, sous le ciel bleu et dans le grand soleil, là
comme ça dans ce lac… »). Quelquefois dans la cour je
le fais parler sur les détails, je lui dis : « Comment tu
mangeras dans ton trou, tu mangeras quoi, tu le trouve-
ras où… » Le mieux, c'est que toujours il trouve une
réponse. Quelquefois, quand je dis une question, il me
dit : « Attends demain, *man* (des fois il dit *frère* mais le
plus souvent c'est comme ça qu'il appelle tous les autres :
man qui veut dire comme mec mais en plus respectueux,

plus classe), attends et je te dirai. » Et le lendemain je reviens sur le coin du stade, sous le panier de basket avec juste le rond de fer sans filet, là où on ne gêne pas ceux qui courent et transpirent et rentrent ensuite torse nu dans les couloirs, et je mets mes mains dans mes poches et j'ai mon visage droit qui regarde le ciel par-dessus le filet anti-hélicoptère et à la prochaine fournée du gardien (qui referme la porte entre le pavillon 5 et le pavillon 6, puis traverse le groupe qui attend devant le grillage, ouvre la porte du grillage, les laisse passer devant lui et referme derrière, dans cette lenteur du temps qu'impose tout déplacement ici) je le vois qui vient vers moi, moi qui ne bouge pas, qui parais avoir oublié la question de la veille et ne lui demande rien, ne lui dis rien, mais c'est lui qui parle et répond. Même qu'hier il m'a dit : « Ce sera un monde souterrain inconnu des hommes, je ne recevrai que mes amis. Tu viendras, man, tu verras comme tu seras reçu, tu resteras ce que tu veux, tu seras chez toi dans la montagne. »

Il y a mon rêve qui revient. C'est le rêve du sang. Quelquefois ce n'est pas exactement la même histoire, mais ce qui revient toujours pareil c'est le sang et la fin.

J'étais chez des amis, il y a mon copain Ludo et deux filles qu'on connaissait, mais il y avait un autre type que moi et Ludo on ne connaissait pas. Mais les filles le connaissaient bien. Moi et Ludo on le trouvait antipathique. Il n'arrêtait pas de se crâner et de raconter des blagues bidon, à moi et Ludo ça ne nous faisait pas rire, mais les filles éclataient de rire et ça, ça nous énervait encore plus. À un moment, Ludo a pris la quinte. Il s'est jeté sur l'autre con. Moi, voyant que l'autre avait le dessus, je m'en suis mêlé, là il m'a sorti un couteau. Ludo m'a passé son couteau aussi sec, et là pendant la bagarre j'ai entendu les filles dire : « Il l'a tué... » Moi je suis resté immobile, et j'ai entendu Ludo crier : « Fermez vos gueules... » Après, Ludo a commencé à l'envelopper dans un drap, et il m'a dit : « Vas-y, aide-moi… » Je me suis mis à l'aider.

Quand ils m'ont mis en isolement j'ai fait encore ce rêve. Après, il reste longtemps dans la tête : est-ce qu'il est vrai ? On sait bien que non. Pourtant, ce qui frappe et qui fait peur, c'est l'idée qu'on rêve encore plus vrai que ce qu'on voit et ce qu'on fait. Ici ce n'est pas complètement réel : est-ce que ce serait complètement vrai, ici dans l'étage et la boîte grise avec la table et le tabouret et les lits et le chiotte et rien, la même cour et les mêmes heures, les heures égales avec vérification à deux heures du matin qu'on est là, et le café qu'on se fait chauffer pour avoir quand même quelque chose à soi (j'ai la chance de n'être pas pauvre en prison, d'avoir une fois par mois un mandat, c'est encore plus dur d'être pauvre ici que dehors).

Les filles m'ont dit : « Faut le descendre dans la cave. » Au moment où je m'apprêtais à le descendre, ça s'est mis à sonner. On s'est mis à moi et Ludo pour le cacher dans le placard. Après, une des filles est allée ouvrir la porte, et là il y avait deux policiers. Moi et Ludo on s'est caché dans la chambre, et j'entendais le policier dire qu'il était là parce qu'on leur avait signalé du bruit.

Mon rêve je l'ai eu aussi dehors. Je l'ai eu une première fois il y a longtemps et il revient. C'était la deuxième nuit d'isolement. Et toujours ça commence pareil, ensuite quelquefois la fin change. Cette fois-là c'était ça la fin, ça se passait comme ça :

Après les policiers partis, on est sorti de la chambre mais la porte d'entrée s'est rouverte et là, devant moi, les deux policiers. Manque de pot, c'étaient des flics qui nous avaient déjà arrêtés. J'entends encore le flic dire : « Tiens, comme on se retrouve, toi, toujours dans les coups fourrés… C'est quoi tout ce sang sur tes habits ? — Rien, rien », je lui réponds. Et là il commence à fouiller. Je lui dis : « Vous avez pas le droit, il faut un mandat. — Ta gueule », il me répond. Et

117

il ouvre l'armoire et le corps tombe par terre. Et j'entends encore le flic me dire : « Là, tu vas en baver, pour vingt ans. » Et moi je lui crie : « C'est un accident ! » Et le flic rigolait, là je me suis réveillé en sursaut et j'ai regardé si je n'avais pas de sang.

Quand je suis sorti d'isolement, je suis allé au coiffeur du jeudi. En isolement on n'a pas de glace. On se voit un peu dans le brillant de robinet. Le robinet est au-dessus du chiotte. En isolement on se lave au-dessus d'où. Il y a l'eau qui arrive et l'eau qui repart, et on est entre. Ce n'est pas agréable d'avoir le robinet au-dessus du. On n'aime pas se laver les dents et cracher dans le. En fait il n'y a peut-être pas de raison (si c'était une rivière). Mais peut-être c'est comme ça pour qu'on se sente puni. Il y a le défilé de la lumière du jour sur la bande horizontale et dépolie de la fenêtre ouvrante par quoi on ne voit rien qu'un bout de ciel. Quelquefois l'après-midi je m'étendais par terre sur le dur, en long dans la cellule et la tête juste en dessous la bande ouverte de la fenêtre. Alors on voit le ciel qui avance, des nuages et bien plus. Quelquefois je me disais : Comme si on comprenait la rotation de la terre. Quelquefois je me suis dit : Si les savants on les mettait comme ça en isolement, un peu, ils comprendraient des choses plus. Mais un vrai isolement, comme nous, sans paroles que le mépris des ordres, c'est pas qu'ils soient pas corrects avec nous, même là-haut à l'étage, mais c'est une manière : « T'es là pour dix jours, et les paroles qui vont avec l'isolement, pour la gamelle et la cour et le reste, c'est ça et pas d'autres. » Même la gamelle elle n'est pas présentée pareil, c'est dans un plateau aux alvéoles qui se touchent, et pas de cantine. Les heures sont longues, ça calme. Je me dis : « Ça te calme. » Et comme je me dis que ça me calme, je reste calme. Allongé sur le dur et regardant le ciel, même sans nuage, on sait bien que ça tombe et que ça avance, et que ça tourne et que ce autour de quoi on tourne ça bouge aussi et c'est dans cette grande spirale blanche qui fait nappe dans la nuit et ça aussi je l'ai lu que la grande spirale blanche dans la nuit s'effondre vers bien d'autres. Il suffit du bleu du ciel.

Le coiffeur du jeudi ça coûte vingt francs, ce n'est pas cher, ça doit aller vite, ça ne fait pas de détail. J'ai dit : « Très court. » Et quand même il m'a arrangé à la mode (mais tout le monde arrangé à la même mode) avec rasé tout autour et ras sur le dessus avec le truc qui remonte un peu sur l'avant si on veut on a le choix. J'ai revu ma tête et ma tête s'accordait avec les autres et nouveaux rentrés, c'était une tête du dehors, une tête du samedi soir et je redressais mon dos et les paroles de l'isolement n'étaient plus pour moi. On était nous trois debout sous le panneau de basket qu'on ne regardait pas et tous trois nous avions les mains droit dans nos poches de survêtement et mes collègues étaient heureux de me savoir ici de retour, fin de l'isolement. Le coiffeur c'est ça l'avantage, c'est une frontière qu'on renvoie entre soi et les autres, après l'eau qui coule directement de soi aux chiottes et le béton et la vitre par quoi on ne voit rien comme si les yeux pour voir et la peau pour sentir ça ne servait pas, ça ne s'arrêtait pas à soi et au-delà rien.

C'est le soir. Je suis derrière les barreaux. La fenêtre est ouverte, derrière il y a les voix. Plus loin il y a l'autre bâtiment, ils se rejoignent à gauche au-dessus de la porte, c'est des pavillons en étoile. Je suis à l'étage et dessous c'est d'autres cellules, en face il y a aussi les huit fenêtres de l'étage et les huit du dessous. Les voix racontent, disent sans parler parce que ce qu'il y aurait d'important ce n'est pas comme ça qu'on peut de l'un à l'autre le donner. Quand est-ce qu'on parle de l'important, au parloir peut-être. Mais l'autre devant nous, au parloir, on ne lui donne aussi que la vérité qu'on veut pour avoir le droit encore de se regarder les yeux en face. Peut-être qu'on fabrique pour chaque parole sa vérité, et qu'enfin devant soi-même on s'accroche à toutes ces vérités accumulées et superposées, où ce qui s'est passé, là où on est tombé en faute, serait comme une pièce oubliée, derrière la porte une pièce vide dont on n'ouvrirait plus la fenêtre. Et par terre dans la pièce vide peut-être comme un vieux tas de vêtements jetés, qu'on sait portés et sales, et qu'on ne veut pas soulever. On referme la porte, la fenêtre est entrouverte derrière les volets fermés, on n'ira pas voir au-delà. Un peu du bruit du monde ici vient encore. Au procès ils ouvriront les volets, ils soulèveront les vêtements portés, on entendra soudain comme un bruit de foule et toute la colère. On s'est séparé de cela, une nuit et une nuit, et le jour terne qui ici les sépare, nous protège de ce moment des volets qu'on ouvre. On s'accroche à ce qui nous sépare et nous protège. Je suis devant les barreaux et la fenêtre est ouverte et d'un bâtiment à l'autre ça se parle sans dire. Ils m'appellent, ils disent mon surnom et demandent si je suis là et je réponds que je suis là et que j'entends. Là-bas en face aussi certains barreaux sont l'affiche faite d'un visage qui s'y pousse, ou de jambes à pendre ou de mains qui font signe, et d'autres barreaux ne sont qu'un trou noir en rectangle par quoi la nuit s'ouvre à la nuit. On sait qui il y a là, et qui attend derrière et écoute. Qu'est-ce qu'on ferait d'autre qu'écouter, plus tard ils se détacheront un par un et seuls resteront à parler les deux mêmes qu'on sait, et qui nous font faire parfois. C'est mon surnom encore qui revient et un d'en bas qui dit : « Tu ne dis rien ? » Non, je n'ai rien à dire, c'est silence dans ma tête sur la pièce vide avec les vêtements par terre en tas, je suis séparé.

Un jour il y aura être devant la porte, un sac de plastique à la main. Il y aura reprendre un bus vers la ville (le bus G qui dessert Gradignan), la boucle qui passe ici auprès ce n'est pas des bus fréquents mais on préfère rester à l'arrêt ici tout près, on préfère monter et s'asseoir et qu'à l'arrêt suivant plus personne ne sache. Il y aura un jour de tête fixe et droite et de parole close mais dans le bruit du monde maintenant près comme si la main, la même main qu'on peut tendre au travers des barreaux pour palper le frais de la nuit ramassait maintenant tous les bruits de la ville. On peut aller et saisir, on peut s'arrêter et attendre. On sait combien on sera choqué des couleurs (c'était mon premier séjour et ma première sortie, je m'étais arrêté dans cette petite rue des marchés près des Capucins et j'avais regardé longtemps la couleur exacerbée des fruits, pommes et bananes et puis tous les tons du vert jusqu'au rouge). On sait qu'on a derrière soi la cohorte des visages de la cour et que n'importe où dans la ville la nuit, près de la gare ou rue piétonne ou dans le quartier, une histoire nous aura précédés et que parmi les visages on en reconnaîtra, ça ne fait pas une communauté, ça fait une assurance et des repères. On a passé de l'autre côté du monde et la frontière on sait maintenant l'utiliser et la passer.

Je serai un jour devant la porte et j'aurai mon sac et j'irai dans la ville. Où j'irai? La prison cesse avec la rue tournée. C'est quand on revient, n'importe quand après, qu'on s'aperçoit qu'il y a toujours le mur gris et les moutons trop gros, les barbelés et sous le ciel le filet des câbles anti-hélicoptère, et au bâtiment des femmes le linge dressé sur des cintres et au bâtiment des hommes plutôt des chaussettes juste posées sur les rambardes et tout là-haut à l'isolement la mince frange horizontale des fenêtres à ne rien voir avec la trace noire des matelas brûlés. Je serai dans la ville et la ville et le lieu me sont indifférents parce que ce qui compte c'est seulement le temps : qu'importe si ici je reviens.

Je veux rendre ici hommage à tous ceux
– Laurent, David, Christian, Djamel, Damien, Frédéric, Sefia et les autres –
qui ont permis qu'écrire ensemble soit conquérir cette très haute égalité,
égalité responsable dans le lien défait de la ville
et ceux qui la constituent.

TABLE

Imprimerie des Presses Universitaires de France
73, avenue Ronsard, 41100 Vendôme
Imprimé en France
pour Verdier Editeur
Décembre 1997 — N° 44 883